Typical Cases and International Cooperation of Eco-industrial Parks under the Belt and Road Vision

"一带一路"愿景下生态工业园区典型案例与国际合作

姚 扬 袁 殷 等/编著

中国环境出版集团・北京

图书在版编目（CIP）数据

“一带一路”愿景下生态工业园区典型案例与国际合作／姚扬等编著. --北京 : 中国环境出版集团，2022.9
（“一带一路”绿色发展书系）
“十四五”时期国家重点出版物出版专项规划项目
ISBN 978-7-5111-5340-1

Ⅰ. ①一… Ⅱ. ①姚… Ⅲ. ①生态工业－工业园区－国际合作－案例－世界 Ⅳ. ①F414

中国版本图书馆 CIP 数据核字（2022）第 172679 号

出 版 人　武德凯
责任编辑　孙　莉
装帧设计　宋　瑞

出版发行　中国环境出版集团
（100062　北京市东城区广渠门内大街 16 号）
网　　址：http://www.cesp.com.cn
电子邮箱：bjgl@cesp.com.cn
联系电话：010-67112765（编辑管理部）
发行热线：010-67125803，010-67113405（传真）
印　　刷　北京中科印刷有限公司
经　　销　各地新华书店
版　　次　2022 年 9 月第 1 版
印　　次　2022 年 9 月第 1 次印刷
开　　本　787×960　1/16
印　　张　13.25
字　　数　200 千字
定　　价　65.00 元

编委会

编写组

主　编：姚　扬

执行主编：袁　殷

副主编：解　蕾　方　琳　张　玥　王　帅

编写组成员（以姓氏笔画为序）

王　帅　方　刚　方　琳　尹　姝　史菲菲

李子秀　但智钢　张　玥　苑　雯　姚　扬

袁　殷　郭亚静　解　蕾

顾问组

组　长：段　宁

副组长：乔　琦　逯元堂

成　员（以姓氏笔画为序）

王　璠　吕　奔　刘景洋　陈　胜　欧阳朝斌　周长波

致　谢（排名不分先后）

越南国家清洁生产中心

亚洲技术协会（越南）

马来西亚首相署经济规划司

马来西亚科学与工业研究所环境技术研究中心

印度尼西亚环境与森林部

印度尼西亚资源高效利用与清洁生产中心

印度尼西亚科学研究院冶金和材料研究中心

乌干达清洁生产中心

罗马尼亚国家可持续生产与消费中心

罗马尼亚城镇联盟

乌鲁木齐经济技术开发区管理委员会

西安高新技术产业开发区管理委员会

贵阳经济技术开发区管理委员会

郑州经济技术开发区管理委员会

连云港徐圩新区管理委员会

烟台经济技术开发区管理委员会

天津滨海高新技术产业开发区管理委员会

合肥高新技术产业开发区管理委员会

前言

生态工业园区是依据循环经济理念、工业生态学原理和清洁生产要求而建设的一种新型工业园区，它通过理念更新、体制革新、机制创新来把不同工厂、企业、产业联系起来，提供可持续的服务，形成资源共享和互换副产品的产业共生组合体系，建立“生产者—消费者—分解者”循环方式，寻求物质的闭环循环、能量多级利用、信息反馈，实现园区经济的协调健康发展。

自20世纪90年代以来，我国开展了多种形式的生态工业园区建设工作，先后有多个管理部门组织并推动我国的工业园区、工业集聚区建设生态工业园区，包括由生态环境部（原国家环境保护总局）、商务部、科技部联合推动建设的国家生态工业示范园区，国家发展改革委推动的园区循环化改造示范试点，工业和信息化部组织建设的绿色园区等。其中，国家生态工业示范园区的建设工作启动最早，国家级经济技术开发区（以下简称经开区）、高新技术产业开发区（以下简称高新区）参与建设数量最多，影响最为广泛。

2013年9月和10月，国家主席习近平分别提出建设“新丝绸之路经济带”和“21世纪海上丝绸之路”的合作倡议（以下简称“一带一路”倡议），旨在借用古代丝绸之路的历史符号，高举和平发展的旗帜，积极发展与沿线国家的经济合作伙伴关系，搭建行之有效的区域合作平台，共同打造政治互信、经济融合、文化包容的利益共同体、命运共同体和责任共同体。

随着全球经济一体化变革的不断发展和“一带一路”建设合作的不断推进，工业园区作为产业发展和经济增长的高地与技术研发的核心，势必成为开放、融合的重要平台。国家级经开区率先启动工业园区节能环保国际合作，着力建设国际合作生态园区。截至2022年，已建立中德青岛生态园、中瑞（士）镇江生态产业园、中奥苏通生态园等共8个国际合作生态园区，是在工业园区层面开展节能环保国际合作建设的典范。

本书将重点介绍“一带一路”沿线国家及国内相关省份中具有一定创建特色和节能环保亮点的生态工业园区案例，为相关国家和地区的生态工业园区建设提供借鉴和参考。

本书共分为三篇十六章，其中第一章由张玥、袁殷执笔完成，第二章由张玥执笔完成，第三章由袁殷执笔完成，第四、第五、第六、第七章由解蕾执笔完成，第八、第九、第十、第十一章由方琳执笔完成，第十二、第十三、第十四、第十五、第十六章由袁殷执笔完成。全书大纲设计和总体策划由姚扬完成，全书统稿由袁殷完成。在此特别感谢段宁院士、乔琦、逯元堂、王璠、吕奔、刘景洋、陈胜、欧阳朝斌、周长波等老师在本书完稿过程中给予的指导。由衷感谢Nguyen Thi Bich Hoa女士、Nguyen Thanh Trung先生、Nguyen Van Thang先生、Khac Tu Bui先生、Tan Yong Nee女士、Ting Kok Onn先生、Anuar Bin Nordin先生、Abdul Hafiz Bin Adb Malek先生、Siti Kamariah Binti Ghazali女士、Mayrina Firdayati女士、Nurendra Aramdhani Kusuma先生、Hendrik先生、Amelia Agusni女士、Edson Twinomujuni先生、Peter Ssekajja先生、Nankya Catherine女士、Eric Mwesigye Tugume先生、Aida-Sorina Szilagyi女士、Alexandru Petrovici先生等（排名不分先后）对本书撰写内容给予的大力支持。

由于作者水平有限，书中难免存在错误和疏漏之处，欢迎广大同行和读者批评指正。

目录

Part 1
总 论

第一章
“一带一路”建设背景

“一带一路”是“丝绸之路经济带”和“21 世纪海上丝绸之路”的简称。2013 年 9 月和 10 月，国家主席习近平分别提出建设“新丝绸之路经济带”和“21 世纪海上丝绸之路”的合作倡议。“一带一路”旨在借用古代丝绸之路的历史符号，高举和平发展的旗帜，积极发展与沿线国家的经济合作伙伴关系，共同打造政治互信、经济融合、文化包容的利益共同体、命运共同体和责任共同体。

2015 年 3 月 28 日，国家发展改革委、外交部、商务部联合发布了《推动共建丝绸之路经济带和 21 世纪海上丝绸之路的愿景与行动》。“一带一路”国际经济合作走廊开始建设后，我国承包的各类工程项目超过 3 000 个。2015 年，中国企业对与“一带一路”相关的 49 个国家进行了直接投资，中国承接“一带一路”相关国家服务外包合同金额 178.3 亿美元，执行金额 121.5 亿美元，同比分别增长 42.6% 和 23.45%。2018 年开行了 1 002 列中欧班列，同比增长 41.2%，超过了 2016 年、2017 年的总和，创年度新高。2019 年 3 月 23 日，中国与意大利签署了“一带一路”备忘录。

在“一带一路”倡议中，绿色“一带一路”建设是重要组成部分，生态环境保护和治理是共建“一带一路”的重要内容。为推动“一带一路”绿色发展，2017 年 5 月，环境保护部、外交部、国家发展改革委、商务部联合发布了《关于推进绿色“一带一路”建设的指导意见》。意见要求以和平合作、开放包容、互学互鉴、互利共赢的“丝绸之路精神”为指引，牢固树立创新、协调、绿色、开放、共享发展理念，坚持各国共商、共建、共享，遵循平等、追求互利，全面推进“政策沟通”“设施连通”“贸易畅通”“资金融通”

和“民心相通”的绿色化进程。

2017年5月14日，国家主席习近平在“一带一路”国际合作高峰论坛开幕式主旨演讲中，指出要践行绿色发展的新理念，倡导绿色、低碳、循环、可持续的生产生活方式，加强生态环保合作，建设生态文明，共同实现2030年可持续发展目标，并提出“设立生态环保大数据服务平台，倡议建立‘一带一路’绿色发展国际联盟”。张高丽副总理在高级别全体会议上强调，加强生态环境保护是“一带一路”建设的重要内容，要把“一带一路”建设成为“绿色丝绸之路”。这些要求充分体现了我国推动绿色“一带一路”建设、促进沿线地区可持续发展的决心。

时任生态环境部部长李干杰在第二届“一带一路”国际合作高峰论坛绿色之路分论坛上指出，“一带一路”不仅是经济繁荣之路，也是绿色发展之路。建设绿色“一带一路”，要坚持共建共享，为有关国家和地区创造更多的绿色公共产品，促进先进生态环保技术的联合研发、推广和应用，实施一批相关方共同参与、共同受益的生态环保试点示范项目，分享生态文明建设和绿色发展实践经验，有效推动2030年可持续发展议程的落实。

“一带一路”是关乎中国未来发展的重要战略，绿色“一带一路”是“一带一路”建设的重要组成部分，主要涵盖防范“一带一路”建设负面环境影响、开展生态环保合作项目、共同提高沿线国家环境治理能力等内容。绿色“一带一路”建设是通过以基础建设为载体，以可持续发展为准则的区域整体发展模式，加大自然生态系统和环境保护力度，将中国优质、绿色的过剩产能输送出去，让沿“带”沿“路”的发展中国家和地区共享中国发展的成果，汲取中国的经验教训。绿色“一带一路”建设体现了中国政府的承诺，回应了国际社会的关切，契合了沿线国家的需求，是推动“一带一路”沿线国家经济社会可持续发展的新兴动力，是发挥环境效益和社会效益的积极举措，是中国企业践行环境社会保障的有效举措，能给相关国家带来生态环境效益，有助于提高当地的环境治理能力和水平。

第二章
生态工业园区建设总体情况

一、生态工业园区的定义和模式

美国 Ernest Lowe 教授最早于 1992 年提出了“生态工业园区”（EIP）的概念，将其定义为：一个由制造业和服务业组成的企业生物群落。生态工业园通过包括能源、水、原材料这些基本要素在内的环境与资源方面的合作和管理，来实现生态环境与经济的双重优化和协调发展，最终使该企业群落寻求一种比每个公司优化个体表现就会实现的个体效益之和还要大得多的群体效益。

1996 年，美国国家环境保护局（EPA）将生态工业园区定义为一种由制造业和服务业组成的产业共同体，通过在环境及物质的再生利用方面的协作，寻求环境效益和经济效益的增强。通过共同运作，产业共同体可以获得比单个企业通过个体的最优化所获得的效益之和更大的效益。

劳爱乐（美）和耿勇在 2003 年出版的《工业生态学和生态工业园》一书中提到：生态工业园区是在一定区域内由生产制造企业和配套服务企业联合形成的企业社区。在该区域内，各成员企业通过共同管理环境和经济事务来获取最大的环境效益、经济效益和社会效益。生态工业园区是建立在过去几十年才出现的几个领域的研究和实践基础上，包括工业生态学、清洁生产、可持续城市规划、可持续建筑及建设等。

虽然国际上对生态工业园区的定义和内涵不尽相同，但其本质都是相同的。即都认可生态工业园区是工业生态系统的重要实践形式，通过工业共生链条把若干不同的企业或工厂连接在一起，使内部各成员之间有效地进行信息、资料、水、能源、基础设施及管理等资源的共享，使园区内部资源、能源得到高效利用和外部排放最小化，以求达到生态环境和经济的双重优化与协调，致力于构建可持续发展的经济、社会和生态关系。

目前，从全球范围来看，生态工业园区建设没有统一的模式，学者们也没有达成共识，因此依据不同的标准，将生态工业园区建设划分为不同的模式。根据企业共生关系的不同，生态工业园区建设模式可以分为企业主导共生型、产业集聚与优势共生型、平等共生型及产业与区域社会共生型；根据形成路径的不同，生态工业园区建设模式可以分为自发形成型、全新规划型、现有改造型及虚拟型；根据组织方式角度的不同，生态工业园区建设模式可分为企业集团型、综合园区型；依据政府在园区建设中的角色不同，生态工业园区建设模式可以分为政府服务型和政府主导型；根据园区产业构成不同，生态工业园区可以为农业型、工业型、混合型、资源回收型等。

二、国外生态工业园区发展历程

总体而言，生态工业园区在国外的发展可分为萌芽起步阶段、创建发展阶段和示范推广阶段。

（一）萌芽起步阶段（20 世纪 70—90 年代）

生态工业园区发展最初形成于 20 世纪 70 年代的丹麦卡伦堡（Kalundborg）工业共生体，其成立目的是地方企业希望通过工业废物管理、淡水资源循环利用等创新合作来降低成本。20 世纪 80 年代后，地方政府肯定其创造了一种新的工业运营模式，将其命名为"工业共生体"(industrial symbiosis)。同期，日本的 Kokobo 工业园也启用了物质交换和废物循环利用项目，园区内的企业为了节约垃圾处理成本，建立了企业间废物交换系统，实现了垃圾的资源化利用，节省了运输和处理费用，为生态工业园区的发展开创了先河。

（二）创建发展阶段（20 世纪 90 年代—21 世纪初）

20 世纪 90 年代后，生态工业园区进入了快速创建发展阶段，各个国家积极开展生态工业园区的规划和创建项目，生态工业园区逐渐在全世界范围内被推广，同时人们不断从实践中摸索经验，逐步验证和完善生态工业园区建设的理论，并随着理论的完善改造已建的生态工业园区，经过几十年的不断发展取得了相当丰富的发展经验。

20 世纪 90 年代后，美国和欧洲关于生态工业园区的研究最为先进。1995年，美国可持续发展总统委员会 (President's Council on Sustainable Development，PCSD) 在全国范围内指定了 4 个示范区用于实证研究，分别是布朗斯维尔生态工业园区、查塔努加生态工业园区、巴尔的摩生态工业园区以及开普查尔斯可持续发展生态工业园区，其中开普查尔斯可持续发展生态工业园区被认为是美国的第一个生态工业园区。截至 1996 年，美国已有 17 个项目聚焦于生态工业园区建设。

美国生态工业园区的发展在一定程度上推动了欧洲生态工业园区的发展。在欧洲地区，荷兰、英国、法国、意大利、奥地利、爱尔兰、瑞典等国家迅速开始了生态工业园区的建设。英国的伦敦德里生态工业园区启动建设，并在南约克镇开发了一个可持续发展园区。荷兰鹿特丹港工业园囊括了 85 家大中型企业，形成以石油及其化工业为主导产业链的生态工业园区，同时在技术上由当地一所大学提供支持，形成非常典型的“产学研”发展模式。奥地利计划在现有的地方循环网络上建立一个生态工业园区。在亚洲地区，日本、菲律宾、泰国、印度尼西亚和印度等国家也开始了生态工业园区的建设，以日本最为领先。著名的生态城镇项目是日本在生态产业方面发展成功的项目之一，其最大政策优势是中央政府给予地方政府技术和资金上的支持，激发了企业间通过各种工业流程的循环利用，实现工业企业整体的零碳排放，其中以藤泽生态工业园和山梨生态工业园最为有名。

（三）示范推广阶段（21 世纪初至今）

经过几十年的探索发展，全球生态工业园区的建设发展逐渐科学化、合理化，许多园区经过不断完善改造成为具有示范意义的生态工业园区，从而进入了生态工业园区的示范推广阶段。美国和加拿大分别有 4 个示范区和 9 个生态工业园区被认为有潜力发展成为真正意义上的生态工业园区。联合国工业发展组织、世界银行和德国国际合作机构目前正在支持各国政府和工业园区的从业者建设生态工业园区，在全球范围内推进“生态工业园区”项目。联合国工业发展组织长期致力于通过项目和技术援助计划促进生态工业园区、绿色工业、资源高效利用与清洁生产。世界银行在全球范围内为气候竞争性工业项目（包括生态工业园区和低碳园区）提供融资和技术援助。德国国际合作机构正在向世界各国提供基于“可持续工业园区”概念的技术。联合国工业发展组织、世界银行联合出版了《工业园区国际指南》，旨在为处在工业园区不同发展阶段的各国提供基本的国际准则，使园区的发展遵循健康与安全、有效能源管理、环境保护等标准，为发展现代化、包容和可持续性的工业园区提供指导。

三、国内生态工业园区发展历程

国内典型的生态工业园区是国家生态工业示范园区，是由生态环境部、商务部、科技部联合推进，依据循环经济理念、工业生态学原理和清洁生产要求，构建以资源能源高效利用、废物循环利用、污染物减量排放为主要特征的工业共生体系，实现以较小的资源消耗和环境负荷获得显著的经济效益，并符合《国家生态工业示范园区管理办法》（环发〔2015〕167 号，以下简称《管理办法》）和《国家生态工业示范园区标准》（HJ 274—2015，以下简称《标准》）要求的新型工业园区。

20 世纪 90 年代末，为促进我国粗放型经济增长方式转变，从根本上缓解资源环境压力，我国政府提出将发展循环经济、建设生态工业园区作为实现区域可持续发展、建立资源节约型和环境友好型社会的一个重要举措。国家环境保护总局率先进行了推进生态工业、促进区域环境综合整治的探索。2001 年 8 月底，我国第一家国家级生态工业园区示范工程——广西贵港国家生态工业（制糖）示范园区由国家环境保护总局授牌开展建设。随后，内蒙古、江苏、山东、浙江、辽宁、广东、天津等省（自治区、直辖市）具备生态工业创建条件的园区陆续开展生态工业园区建设工作。

（一）发展历程

2007年4月，在对广西贵港、包头（铝业）、鲁北（盐化工）、抚顺（矿业）等工业集聚区和天津、苏州、烟台、大连等地的国家级开发区生态工业园区建设试点总结的基础上，国家环境保护总局、商务部和科技部联合发布了《关于开展国家生态工业示范园区建设工作的通知》（环发〔2007〕51号），确定由国家环境保护总局、商务部和科技部组成国家生态工业示范园区建设协调领导小组（以下简称领导小组）共同推进国家生态工业示范园区建设工作，领导小组下设领导小组办公室。三部门联合推动该项工作标志着国家生态工业示范园区建设进入了快速发展阶段。同年12月，为规范国家生态工业示范园区申报、创建、管理、命名和验收工作，三部门联合印发《国家生态工业示范园区管理办法（试行）》（环发〔2007〕188号），从此国家生态工业示范园区建设进入了规范化管理的轨道。

2008年3月，环境保护部、商务部、科学技术部联合发文，批准苏州工业园区、苏州高新技术产业开发区、天津经济技术开发区成为国家生态工业示范园区。同年5月，三部门在天津经济技术开发区共同组织召开了第一次国家生态工业示范园区建设工作会议。会议总结交流了国家生态工业示范园区建设的成果和经验，研究部署了下一阶段的工作重点，并在会议上为首批获得国家生态工业示范园区命名的三家开发区授牌。

2009年12月，经商务部办公厅和科技部办公厅会签，环境保护部、商务部、科技部联合发布了《关于在国家生态工业示范园区中加强发展低碳经济的通知》（环办函〔2009〕1359号），将发展低碳经济作为重点内容纳入国家生态工业示范园区建设和考核体系，要求各相关单位通过国家生态工业示范园区试点工作，积极探索园区和工业集聚区碳减排的有效途径。

2011年，党的十八大报告将生态文明建设纳入“五位一体”总体布局，明确要求着力推进绿色发展、循环发展、低碳发展。随着生态文明战略地位的提升，我国生态工业园区建设理论和内涵进一步深化，国家生态工业示范园区建设进入了健康发展阶段。同年12月，在苏州工业园区召开的第二次国家生态工业示范园区工作会议上，领导小组在总结之前园区的建设经验后，提出“十二五”时期园区建设的总体目标和具体思路，为“十二五”时期园区建设奠定了基础。会后发布了《关于加强国家生态工业示范园区建设的指导意见》（环发〔2011〕143号），意见明确了国家生态工业示范园区建设的重要意义、总体要求和重点任务，提出了园区生态化发展的制度体系、政策体系和保障措施，是保证我国园区建设健康发展的纲领性文件。

“十二五”期间，创建和验收的园区数量逐年增加，为推进工业领域生态文明建设，适应新时期环境保护工作的重点和需求，环境保护部于2013年6月启动了《管理办法》和《标准》的修订工作。新修订的《管理办法》和《标准》更加有效地指导和促进国家生态工业示范园区的有序健康发展，并在我国生态文明建设中发挥重要支撑作用。

2012年、2015—2017年，领导小组先后在青岛、上海、北京、珠海、连云港召开了5次国家生态工业示范园区建设经验交流会（培训班），对进一步推动国家生态工业示范园区理念宣传、经验输出与交流具有重要意义。经验交流会（培训班）包括政策解读、专家授课和园区交流3个环节，累计700余人次参加了交流会（培训班），与会代表反响强烈，纷纷表示经验交流会（培训班）对推动国家生态工业示范园区理念宣传、经验输出与交流具有重要作用。

党的十八届五中全会提出创新、协调、绿色、开放、共享五大发展理念，绿色发展成为园区下一步发展的主题，国家生态工业示范园区创建工作迈入了创新发展阶段。2016年1月，根据《管理办法》的有关要求，环境保护部正式启动国家生态工业示范园区复查工作，即采用抽查方式对获得命名满3年的部分生态工业园区开展复查评估，并配套制定了复查评估工作方案和报告编写提纲。截至2017年5月31日，先后有22家园区分两批开展了复查评估工作。复查评估结果表明，园区通过采取企业间废物交换与利用、物质和能量梯级利用以及基础设施共享等措施，积极构建以资源能源高效利用、废物循环利用、污染物减量排放为主要特征的绿色、循环、低碳的工业共生体系，取得了较好的生态建设成效。对部分园区存在产业结构不合理、多项指标不进反退等问题，环境保护部组织专家指导其完成整改。

2016 年 4 月，经领导小组办公室研究决定，对批准建设已满 5 年但尚未提出验收申请的园区进行清理，达到验收标准的园区可于 2016 年 6 月 30 日前提出验收申请，对逾期未提出验收申请的园区视为创建未完成，将不再列入建设园区名单。环境保护部办公厅为此印发了《关于做好部分批准建设国家生态工业示范园区后续管理工作的通知》（环办科技函〔2016〕618 号）。清理后的数据显示，参与国家生态工业示范园区创建的单位为 93 家，其中 48 家获得命名。

为推进工业领域生态文明建设，中国环境科学研究院作为账号主体于 2017 年 5 月 4 日正式运营“中国生态工业”微信公众号，钱易院士受邀为公众号题写了卷首语。该公众号旨在团结和联络中国清洁生产、生态工业和工业污染防治领域的科研人员、工程技术人员和管理人员，组织产业生态化和工业污染防治技术的学术交流和科学考察，为中国产业生态化发展战略、科技政策、宏观规划等提供决策服务和技术信息服务。

2017 年 8 月，为充分发挥园区的示范引领作用，进一步强化园区管理机构环境监管责任，督促园区主动排查环境风险，有效消除环境隐患，全面落实风险管理和应急保障，领导小组办公室开展园区环保自查工作，环境保护部办公厅、商务部办公厅、科技部办公厅联合印发了《关于开展国家生态工业示范园区环保自查工作的通知》（环办科技函〔2017〕1301 号）。该项工作是向所有已命名和创建中的园区发放自查表，督促园区针对环境违法案件、环境突发事件、规划环评落实、危险废物管理等关键问题开展自查。截至 2017 年 11 月，自查反馈中有 14 家园区上报存在问题，目前根据当地处理情况已整改完成或在整改中。

2018 年，领导小组调整为由生态环境部、商务部和科技部三部门组成。

2019 年，领导小组启动全面验收工作，对提交验收申请的园区全面开展调查核实，对具备验收条件的园区推动验收工作。共对 10 家园区开展技术核查，对 10 家园区进行现场验收，对 4 家园区发布建成国家生态工业示范园区通知。公开遴选并建立国家生态工业示范园区技术咨询专家库，作为国家生态工业示范园区建设相关咨询工作的专家来源。

（二）发展现状

在生态环境部、商务部和科技部三部门的推动下，国家生态工业示范园区建设得到稳步、有序的发展。截至 2019 年 12 月，领导小组办公室已组织专家论证通过 93 家国家生态工业示范园区的建设规划，其中 55 家通过验收正式获得国家生态工业示范园区的命名。规划建设和正式命名的国家生态工业示范园区时间分布和在各省（自治区、直辖市）分布如图 2-1、图 2-2 所示。

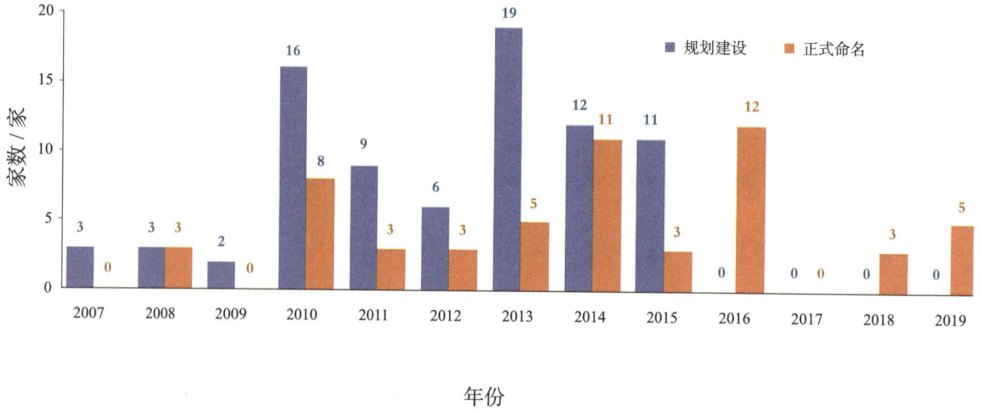

图 2-1　规划建设和正式命名的国家生态工业示范园区时间分布

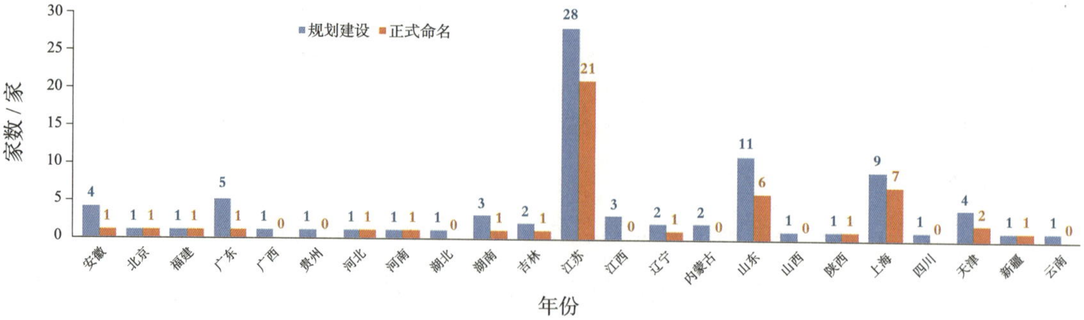

图 2-2　规划建设和正式命名的国家生态工业示范园区在各省（自治区、直辖市）分布

按照园区所在区域划分，东部地区有 68 家，占比为 73.1%；中部地区有 13 家，占比为 14.0%；西部地区有 8 家，占比为 8.6%；东北部地区有 4 家，占比为 4.3%。国家生态工业示范园区地区分布情况如图 2-3 所示。

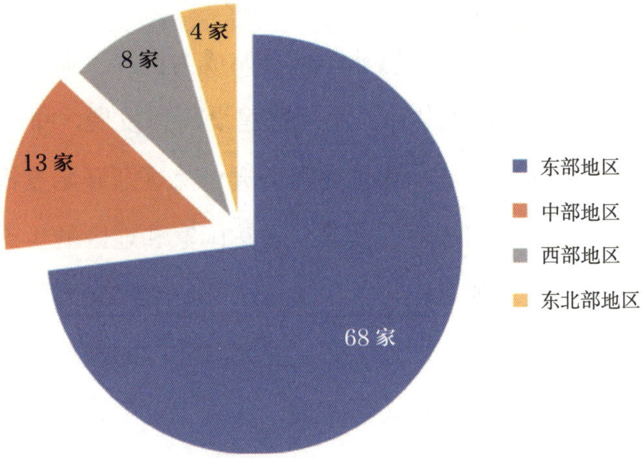

图 2-3 国家生态工业示范园区地区分布情况

在开展国家生态工业示范园区建设过程中，江苏、山东、上海、浙江等省（直辖市）的推进工作尤其突出，具有较强的示范意义，在全国范围内起到了很好的示范引领作用。

在 93 家命名园区中，国家级经济技术开发区有 49 家，国家级高新技术产业开发区有 26 家，省级工业园区有 15 家。这些园区按照各自生态工业园区建设规划的总体要求，结合园区自身特点，在生态产业链构建、关键补链项目引进和开发、组织机构建设和完善、公众参与和宣传等方面开展生态工业示范园区建设，其中 55 家园区达到国家生态工业示范园区标准和建设目标后，获得了国家生态工业示范园区命名。

在生态文明建设的大背景下，通过生态环境部、商务部和科技部三部门的大力推进，越来越多的工业园区意识到生态化改造和生态工业园区建设的重要性。目前，还有十余家国家级经济技术开发区和省级经济技术开发区正在准备申请开展国家生态工业示范园区创建工作，这表明生态工业的发展理念已经得到广泛共识，建设国家生态工业示范园区已经成为解决我国各类、各级工业园区和工业集中区经济发展与资源环境制约之间矛盾的一个重要途径。

四、国际生态工业园区建设经验与成效

经过几十年的发展，生态工业园区开始成为世界工业园区发展领域的主体。自 21 世纪以来，国外生态工业园区建设高速发展，全球生态工业园区项目每年以倍增的速度增加，在世界经济舞台上逐渐开始发挥重要作用，同时也产生了与园区发展相适合的模式。发达国家和地区的生态工业园区发展历史较长，建设模式多种多样，所以追踪国际研究和发展前沿，分析比较国外生态工业园的模式，借鉴国外生态工业园区建设的理论和实践成果，将有利于进一步推动我国生态工业园区建设，实现工业生态化和可持续发展。

世界各国的生态工业园区都有自己的特点，分析起来不尽相同。生态工业园区建设的国际成功经验集中在发达国家和地区，所以本章主要以美国、日本、韩国、欧盟等发达国家和地区的生态工业园区为典型，分析其建设背景、管理模式、主要特点、建设成就等。对以发展中国家和新兴经济体为主的“一带一路”共建国家典型案例，将在本书的第十二章至第十六章进行具体阐述。

发达国家和地区生态工业园区建设经验可归纳为以下三个特点。

（一）完善的政府管理机制为园区生态化建设提供顶层设计

政府管理体系方面的建设为生态工业园区有效运行提供了一定保障。美国在宏观层次上实行“双轨制”来使监管部门之间相互配合和相互制约，即各个州设立环境质量委员会负责监管，设立环保执法部门负责执行。除此之外，在宏观层面上，美国在联邦层次建立生态监管官制度，从总体上对生态执法进行监管；在微观层面上，美国可持续发展总统委员会 (PCSD) 组建了生态工业园区特别工作组，对园区进行规划指导，并建立了以政府和企业相互合作组成的管理层，包括城市政府、城镇政府或它们的开发组织、地方经济发展公司、私人产业和其他的社会组织。这种通过合作方式组建的管理层

很好地协调了各方利益诉求。日本生态工业园区管理的特点主要体现在中央政府和地方政府有明确的分工，中央政府层面主要由经济产业省（Ministry of Economy Trade and Industry, METI）与环境省（Ministry of Environment, MoE）共同推进，体制为自上而下的产学研合作。经济产业省提供硬件技术支撑，环境省提供软件技术支撑。其中环境省负责废物处理，经济产业省负责资源的循环利用，二者共同负责园区的审批以及资金拨付；地方政府主要监管企业、入园审查以及其他园区层面工作。这种清晰明确的政府管理体系的建立对园区运营效率的提高起到了极大的促进作用。韩国的生态工业园区管辖权已发生转移，由韩国知识经济部主要负责制定生态工业园区发展政策，原有的园区管辖权移交给下属的韩国产业园区股份有限公司（KICOX），主要任务是支持区域 EIP 办公室进行项目管理工作。

（二）经济激励与惩罚措施推动园区企业绿色低碳发展

对排污企业和能源浪费企业制定严厉的经济激励与惩罚措施能够促使相关企业进行生态化改造，迈向绿色低碳发展路线。美国、加拿大、新加坡等发达国家都制定了严格的生态保护制度以减少生态破坏。例如，美国在 20 世纪 70 年代便开始探索通过建立排污权交易制度对排污进行总量控制，对超出容量允许的排污企业进行罚金处罚，并在次年扣除其超额排污的相应数量，这都迫使企业自觉地探索绿色低碳发展路径，从而对生态工业园区起到极大的推动作用。丹麦政府从 20 世纪 80 年代开始建立以能源税为核心的环境税收体系，其整个环境税收收入占到全部税收收入的 10%。以垃圾税为例，丹麦以垃圾重量为税基，依据垃圾种类的不同和处理方式的不同实行差异税率，平均税率为每吨垃圾征收 400 丹麦克朗，这种高额排污成本倒逼企业推行资源的循环利用。除丹麦之外，日本生态工业园区也建立了补偿金制度，由环境省和经济产业省执行，环境省主要负责对生态工业园区的软、硬件设施建设与科学研究和技术开发提供资金支持；经济产业省主要负责对硬件设施建设、3R 相关技术及生态产品的开发等提供资金支持，个别项目由两个部门共同负责。

（三）多维度投、融资渠道推动多样化园区建设

国外的生态工业园区既有自发形成的也有政府规划的，园区的形成方式多样，园区的管理主体也呈现多样化。欧盟是生态工业园区的发源地，丹麦的卡伦堡共生体系是世界上最早的生态工业园区。欧盟的生态工业园区建设得到欧盟的政策和资金的支持，园区发展可分为规划建设与自发形成两大类。丹麦卡伦堡工业共生体系是自发形成的典型案例；荷兰、芬兰、法国、英国等欧盟国家则采取政府规划方式建设生态工业园区。欧盟的生态工业园区的管理主体多元化，管理主体多由融资方组成，但它们很少参与园区内部管理，而当地居民正逐渐参与生态工业园区建设，派出代表参与园区内部管理。欧盟各国民间规划方式逐渐成为生态工业园区发展的主要力量，在民间规划中，政府、非政府公共部门以及科研部门不占主导地位，只承担间接管理、协调和咨询服务等职责。欧盟各国民众的环保意识也较高，正在积极投入到生态工业园区的建设和管理中。日本生态工业园区在园区管理和运作模式上形成了产学官一体化的模式，日本政府对生态工业园区建设进行直接的财政支持或补助的力度不够，因此，日本的生态工业园区由民间自主投资、自主经营。日本两个发展最好的生态工业园区都是民间自主投资、自主经营。如藤泽生态工业园区由荏原 (EBARA) 公司独立投资和独立经营，整个园区由 EBARA 公司拥有和管理，所有的废物交换都在该公司下属企业之间进行，公司对全流程进行严格管理。

五、中国生态工业园区的管理机制经验

我国的国家生态工业示范园区建设工作始于 20 世纪 90 年代末，由国家环境保护总局率先在全国开展了推进生态工业、促进区域环境污染综合整治的理论研究和实践探索。2001 年，我国第一家国家生态工业示范园区示范工程——贵港国家生态工业（制糖）示范园区在国家环境保护总局的支持和指导下开始试点建设，标志着我国开始了生态工业园区规划与建设的系统性探索实践。2007 年，由国家环境保护总局、商务部和科技部三部门成立领

导小组，联合推进、协作管理国家生态工业示范园区创建和命名工作，2017年正好是领导小组指导和推进示范园区建设工作十周年。这十年来，领导小组先后制定并颁布了生态工业园区管理办法、标准、建设指导意见、建设规划编制指南等十余项管理文件，先后两次修订生态工业园区相关标准，多次组织全国国家生态工业示范园区建设工作会议、管理文件培训讲解、园区建设经验交流会等活动，促进园区间互相学习，提升示范效应。截至2022年，国家生态工业示范园区管理机制已经确立，管理程序逐步完善，管理成效明显，示范园区建设工作稳步向前。

国家生态工业示范园区管理机制是不断发展和逐步完善的，其按照发展重点可分为规范管理、规则调整、新时期发展3个阶段。

（一）规范管理阶段（2007年4月—2013年5月）

2007年4月，国家环境保护总局、商务部和科技部联合发布了《关于开展国家生态工业示范园区建设工作的通知》（环发〔2007〕51号），根据通知精神，国家环境保护总局、商务部、科技部组成领导小组，负责国家生态工业示范园区的审核、命名和综合协调工作，领导小组下设领导小组办公室，负责推动创建国家生态工业示范园区的日常工作。三部门领导小组联合推进，标志着国家生态工业示范园区管理机制的建立，示范园区建设进入规范管理阶段。

领导小组成立之后，先后发布多项标准、指导意见等，国家生态工业示范园区管理体系逐步完善。2007年12月，三部门联合印发《国家生态工业示范园区管理办法（试行）》（环发〔2007〕188号），明确提出国家生态工业示范园区的申报、创建、管理、命名和验收等管理程序的工作流程和具体要求。2008年4月，国家环境保护总局发布了《生态工业园区建设规划编制指南》（HJ/T 409—2007），提出生态工业园区建设规划编制大纲，指导园区编制建设规划。2009年12月，为应对全球气候变化，缓解我国能源资源出现的“瓶颈”，环境保护部发布了《关于在国家生态工业示范园区中加强发展低碳经济的通知》（环办函〔2009〕1359号），要求国家生态工业示范园区在建设和发展中，将发展低碳经济作为重点纳入园区建设内容，积极探索工业园区和工业集聚区减少碳排放的有效途径。2011 年 12 月，为深入贯彻落实科学发展观，推进生态文明建设，领导小组发布了《关于加强国家生态工业示范园区建设的指导意见》（环发〔2011〕143 号），提出新时期生态工业园区建设的意义、总体要求、重点任务、发展方向以及保障措施等。

此外，2008 年 5 月和 2011 年 12 月，领导小组分别在天津和苏州召开了两次国家生态工业示范园区建设工作会议。会议围绕贯彻落实科学发展观，总结了生态工业园区建设阶段性成果，开展了典型园区经验交流，并确定了下一阶段的工作重点，以此进一步推动工业园区的生态化改造和产业升级。

2007 年 4 月至 2013 年 6 月，共有 20 家园区正式获得国家生态工业示范园区的命名，其中 3 家园区是行业类园区，17 家园区是综合类园区；57 家园区获得开展国家生态工业示范园区建设的批复。

这个阶段国家生态工业示范园区管理机制的主要特点如下。

1. 环境保护、商务、科技三部门联合推进

国家生态工业示范园区创建工作由原国家环境保护总局一个部门逐步发展建立了以环境保护、商务、科技三部门共同、联合推进的新型管理机制。该机制可较好地满足生态工业园区建设中产业结构调整、基础设施建设、科学技术创新和环境综合整治等多方面的需求。三部门联合推动国家生态工业示范园区建设工作，可进一步深化、拓展全国生态工业园区的创建工作，扩大国家生态工业示范园区的社会影响，为国家生态工业示范园区扶持政策的制定奠定部门基础，对指导我国重点工业园区进行生态化改造和走新型工业化道路，实现可持续发展具有重要意义。

2. 管理办法实施，示范园区管理有章可循

2007 年 12 月，《国家生态工业示范园区管理办法（试行）》（环发〔2007〕188 号）中明确提出国家生态工业示范园区的申报、创建、管理、命名和验收等管理程序的工作流程和具体要求，并在附件中细化了国家生态工业示范园区创建申请材料的内容和要求、示范园区建设考核验收规则以及示范园区建设绩效评估规则等相关管理流程和要求等。《管理办法》是国家生态工业示范园区建设的纲领性文件，是指导园区开展示范园区创建、命名、绩效评估等工作的准则和依据。《管理办法》的颁布实施，标志着国家生态工业示范园区管理制度和程序的建立，进一步促进和规范了示范园区建设与管理工作，指导园区开展国家生态工业示范园区创建工作。

3. 启动国家生态工业示范园区验收命名工作

根据《国家生态工业示范园区管理办法（试行）》（环发〔2007〕188号），在已获得开展创建国家生态工业示范园区建设批复的园区中，部分基础条件较好的园区按照生态工业园区规划的指导和要求，经过几年的建设，在重点项目的引进和开发、园区低碳化建设、经济发展、物质减量与循环、污染控制、园区管理等方面取得初步成效，基本符合我国生态工业园区的建设要求。2008年3月，苏州工业园区、苏州高新技术产业开发区、天津经济技术开发区通过了国家环境保护总局、商务部和科技部组织的国家生态工业示范园区现场验收，并在公示后获得正式批复，成为我国首批国家生态工业示范园区。截至2013年6月，共有20家园区正式获得国家生态工业示范园区的命名。

4. 提出国家生态工业示范园区建设总体要求，丰富建设内容

在“十一五”的开局之年，环境保护部、商务部和科技部联合发布《关于加强国家生态工业示范园区建设的指导意见》（环发〔2011〕143号），明确提出国家生态工业示范园区建设的总体要求，统筹布置了七项重点任务，并制定了新时期的发展目标：“十二五”期间，着力建设50家特色鲜明、成效显著的国家生态工业示范园区；基本形成促进国家生态工业示范园区发展的长效机制；国家生态工业示范园区在经济发展、物质减量与循环、污染防控和园区管理等方面指标居国内领先水平，引领、辐射和带动各级各类工业园区的可持续发展，推动国民经济持续、健康发展。

此外，为应对全球气候变化，领导小组决定自2010年起将发展低碳经济的要求作为重点内容纳入国家生态工业示范园区建设和考核体系，并要求国家生态工业示范园区建设单位在申报、建设、验收等各阶段，贯彻循环经

济、低碳经济理念，通过产业调整优化、技术创新、管理升级等措施，不断提高能源利用效率，改善能源结构；并根据各园区特点从低碳产业、低碳生产、低碳产品、低碳生活等方面着手，积极探索园区和工业集聚区减少碳排放的有效途径。

（二）规则调整阶段（2013 年 6 月—2015 年 12 月）

为推进工业领域生态文明建设，适应新时期环境保护工作的新重点和新要求，领导小组于 2013 年 6 月启动对国家生态工业示范园区管理办法和综合类、行业类与静脉产业类生态工业园区标准的修订工作。经过前期充分调研、多次专家研讨、两次全国生态工业园区征求意见、领导小组多次协商等，历时一年半的时间，于 2015 年 12 月发布新修订的《管理办法》和《标准》，《管理办法》自发布之日起实施，《标准》自 2016 年 1 月 1 日起实施。

2015 年 12 月 28 日，领导小组组织开展了 2015 年国家生态工业示范园区培训班，对《管理办法》《标准》以及国家生态工业示范园区复查要求等文件进行解读，同时总结和交流“十二五”期间国家生态工业示范园区建设的成果、经验和存在的问题，布置下一阶段的任务和工作。

因为要对《管理办法》和《标准》进行修订，所以环境保护部自 2014 年 3 月 1 日起暂停受理各类园区创建国家生态工业示范园区的申请，已获同意开展创建工作的照常进行。领导小组累计批准了 23 家工业园区开展国家生态工业示范园区建设（2014 年 3 月 1 日前建设规划已经通过专家论证），16 家园区正式获得“国家生态工业示范园区”的命名。

这个阶段主要针对国家生态工业示范园区的纲领性文件、《管理办法》和《标准》进行修订，修订的意义和重点内容包括：

《管理办法》的修订是响应新时期生态文明建设的必然要求。党的十八大提出要大力推进生态文明建设，把生态文明建设放在突出地位，列入“五位一体”总布局。生态工业园区建设工作是我国工业领域生态文明建设的重要抓手，是加快经济转型升级、开展生态文明建设在园区层面的重要载体，是实现环境保护优化经济发展的重要平台，社会经济发展和环保工作思路的新形势为国家生态工业示范园区的建设赋予了新的时代意义，提出了新的要求。《管理办法》的修订进一步明确了国家生态工业示范园区在新时期生态文明建设中的关键定位。

同时，《管理办法》的修订是适应新时期环境保护工作的新重点和新要求。随着我国面临的环境问题的不断变化，探索环保新道路成为我国“十二五”环境保护工作的主导思想。社会经济发展和环境保护工作思路的新形势，以及我国环境保护工作重点的转移，对我国生态工业园区的建设提出了很多新的要求。现阶段的政府信息公开、第三方环保服务、绿色产品、绿色信贷等工作也对国家生态工业示范园区管理工作的开展和实施提出了新的、更高的要求。

《管理办法》的修订进一步明确了生态工业园区的建设内涵和创建基本要求。国家生态工业示范园区建设十余年来，仍然存在很多园区和地方管理部门对生态工业内涵把握不准，对园区层面生态工业实践活动的内在逻辑和客观要求认识不足，片面追求区内企业高端化、产业链结构末端化、产品结构轻型化，示范园区创建的重点和特点不突出等问题。因此，《管理办法》的修订应明确生态工业园区的内涵和创建要求。按照循环经济理念、工业生态学原理和清洁生产要求，实现区域内资源、能源高效利用，废物、污染物最大限度减排，符合本地发展实际且具有代表性和示范性的发展模式或组织方式。修订后管理机制的特点如下。

1. 生态工业园区内涵更加明确

为了进一步明确园区开展生态工业园区建设的目的和意义，新修订的《管理办法》进一步明确了生态工业园区的本质内涵，即“生态工业是指综合运用技术、经济和管理等措施，将生产过程中剩余的能量和产生的物料，传递给其他生产过程使用，形成企业内或企业间的能量和物料传输与高效利用协作链网，从而在总体上提高整个生产过程的资源和能源利用效率、降低废物和污染物产生量的工业生产组织方式和发展模式”。

2. 园区建设基础数据档案管理更加规范

园区建设过程中数据、资料的建档和规范化管理非常重要，是证明园区建设工作和成效的重要依据。《管理办法》要求所有考核指标所需的基础数据要在建设规划中注明数据合法来源，基础数据在建设规划论证时备查并作为验收依据存档。园区管理机构应加强档案管理，将创建工作的相关资料作为技术核查、考核验收和复查的基本依据。

3. 申报创建的流程和要求更加清晰

《管理办法》中明确了申报创建材料的流程和内容：拟开展国家生态工业示范园区创建工作的工业园区，向园区所在地省级环境保护、商务、科技行政主管部门提交国家生态工业示范园区创建申请，经三部门同意后，由省级环境保护行政主管部门报办公室，创建申请材料一式三份。申报材料具体内容包括：①园区创建推荐书；②园区管理机构出具的示范园区创建申请；③园区管理机构出具的环境守法承诺书；④园区规划环境影响评价完成情况证明；⑤国家生态工业示范园区建设规划和技术报告。

4. 建立园区建设规划动态调整机制

在创建过程中，园区的建设规划内容发生重大调整时，管理机构应及时做出调整说明，并通过所在地省级环境保护行政主管部门向领导小组办公室报告。需要说明并报备的建设规划调整情况包括：①建设规划指标及预期指标值调整；②建设规划重点支撑项目调整（项目内容、建设期限、投资方式等）；③园区管理机构调整（机构性质、管辖范围等）。

5. 明确技术核查的内容和要求

技术核查内容为：①国家生态工业示范园区批准建设以来是否发生过严重污染环境事件或重大、特大突发环境事件；②评价指标数据支撑材料是否全面、完整、真实；③指标计算方法正确性和结果的准确性；④国家生态工业示范园区创建重点支撑项目的真实性与运行有效性；⑤年度评价报告内容、数据与验收申请材料的一致性；⑥已报备的建设规划调整说明的合理性。

6. 建立创建园区及命名园区的退出机制

自获得批准建设起满五年没有通过验收的工业园区视为创建未完成，不再列入建设园区名单。如继续创建，应按照《管理办法》要求重新申请创建。

此外，已命名的园区如出现六类情形，则应撤销命名称号，包括：①运行期间发生严重污染环境事件或重大、特大突发环境事件的；②存在数据、资料弄虚作假的；③复查未通过，且整改后仍达不到要求的；④不能按时、按要求提交年度评价报告的；⑤发生重大变化，不再符合标准及相关要求，园区管理机构主动提出申请的；⑥其他经核实并认定有必要的。

7. 建立园区监管机制

获批开展国家生态工业示范园区建设和获得命名的工业园区每年应对生态工业建设绩效进行自评价，形成年度评价报告，并于次年 5 月底前报送领导小组办公室。年度评价报告中应按要求填报当年各项指标考核数据，进一步强化管理部门对园区在创建过程中的监管。

8. 建立园区命名后的持续监督机制

领导小组在园区获得国家生态工业示范园区命名之日起，每 3 年对园区组织一次复查，明确复查评估的形式以及复查工作主要的内容，并建立园区命名后的持续监督机制。

9. 强化对管理部门和园区分别提出信息公开要求

领导小组办公室向社会公众公开国家生态工业示范园区名单、获批开展国家生态工业示范园区建设的工业园区名单、基本信息、论证结果、验收结果、年度评价报告、国家生态工业示范园区撤销通报以及相关信息动态等。

获批开展国家生态工业示范园区建设的工业园区应向社会公众公开建设目标、任务、内容、进展及成效，污染减排成效和环境质量改善状况等相关信息。同时积极配合环境保护、商务、科技三部门推广园区创建的成功经验和有益做法，发布相关数据和信息；积极参加相关培训、交流、产业对接活动，加强园区间的交流、合作和互鉴。

（三）新时期发展阶段（2016 年 1 月至今）

2015 年年底，《管理办法》和《标准》的发布和实施标志着国家生态工业示范园区建设工作进入了新的发展阶段。领导小组持续开展国家生态工业示范园区创建和命名工作，并根据新修订的《管理办法》要求对在建和已命名园区的创建工作和成果进行总结评估，每年提交《国家生态工业示范园区年度评价报告》；对命名满三年的园区，领导小组组织复查评估，强化后续监督管理；根据《管理办法》中有关信息公开的要求，对原环境保护部网站上的国家生态工业示范园区版块框架进行改版，强化国家生态工业示范园区创建资料和成果的信息公开；对中央环保督察中反馈的省级生态工业园区环境违法问题开展环保自查工作，督促与帮助园区消除环境隐患，降低环境风险。进一步细化管理程序和要求，分别针对综合类、行业类、静脉产业类以及新修订的《标准》编制出台《国家生态工业示范园区技术核查要点指南》。2016—2019 年，分别分片区召开四次国家生态工业示范园区建设经验交流会，使园区了解国家最新发展动态，学习管理政策，促进园区建设经验交流。国家生态工业示范园区建设工作持续、稳定、有序开展，管理体系更加健全，监督体系更加完善，国家生态工业示范园区社会影响力持续提升。

这一阶段国家生态工业示范园区管理工作的主要特点如下。

1. 创建与命名工作持续稳步开展

新修订的《管理办法》和《标准》发布后，领导小组按照新标准、新要求持续开展国家生态工业示范园区创建和命名工作，4 年内共有 19 家园区正式获得国家生态工业示范园区的命名。此外，根据新修订的《标准》审核了 11 家园区拟创建国家生态工业示范园区的建设规划材料，筹备开展新一批园区建设规划的专家论证。

2. 不断完善制度建设，加强园区后续监管

根据《管理办法》的要求，开展创建和已命名的国家生态工业示范园区每年应对生态工业建设绩效进行自评价，形成年度评价报告并提交领导小组。领导小组每年委托中国环境科学研究院编制《国家生态工业示范园区绿色发展报告》，总结国家生态工业示范园区每年开展的主要工作和取得的经验，分析存在的问题及不足，并对生态工业园区下一步的工作提出对策建议。此外，《管理办法》要求，自获得国家生态工业示范园区命名之日起，每 3 年开展一次复查。2016—2019 年，领导小组共对 44 家命名满三年的园区开

展了复查评估工作。复查结果显示，园区整体保持了较好的发展水平和建设绩效，多数园区坚持优化产业结构，不断构建企业内或企业间的废物交换和资源回用生态工业链网，实现资源、能源利用和污染排放强度的持续改善。但也存在少数园区建设持续动力不足、生态化建设缺乏顶层设计、项目支撑不力、台账资料混乱等问题。

3. 开展环境问题自查，督促园区消除环境隐患

2017 年 9 月，中央环保督察发现部分省级生态工业园区存在严重的环境违法问题。为此，领导小组联合对所有在建和已命名的国家生态工业示范园区开展了全面的环保自查工作。截至 2017 年 12 月 20 日，全国 93 家开展创建和已命名的国家生态工业示范园区中，91 家园区提交了环保自查材料，2 家尚未提交材料。从 91 家园区提交的具体材料来看，有 14 家园区曾发生过较为严重的环境违法问题，如涉及“两高”关于办理环境污染刑事案件适用法律的解释的情况、区域挂牌督办、环评限批、规划环评未落实等。后续，领导小组将会同有关部门，对园区环境违法问题的整改情况进行现场核查，督促与帮助园区消除环境隐患，加强园区环境监管，努力降低园区环境风险。

4. 细化核查要求，强化信息公开

为进一步规范和细化国家生态工业示范园区技术核查要求，改进园区管理工作，领导小组编制了《国家生态工业示范园区技术核查要点指南》。此外，根据新修订的《管理办法》提出有关信息公开的要求，领导小组编制了《国家生态工业示范园区信息公开方案》并改版生态环境部网站国家生态工业示范园区信息发布平台。改版后该平台包括政策文件、国家生态工业示范园区名单、建设过程管理、年度评价报告和动态信息 5 个版块，各类信息划分更加清晰，更新更加及时，园区年度评价报告、相关指标达标情况、国家生态工业示范园区名单等都将在平台上及时公布，这将进一步加大示范园区信息公开力度，对示范园区管理发挥更大的促进和公众监督作用。

5. 加强园区经验交流，扩大示范效应

2016—2019 年，领导小组委托中国环境科学研究院分别在广东省珠海

市、江苏省连云港市、云南省昆明市和北京市召开国家生态工业示范园区建设经验交流会。经验交流会邀请领导小组相关领导讲解国家生态文明建设和绿色发展最新政策动态，业内专家讲解生态工业领域最新理论研究进展，典型园区介绍先进创建经验和做法。与会代表反响强烈，经验交流会对于进一步推动国家生态工业示范园区理念宣传、经验输出与示范意义推广具有重要意义，今后还将继续在全国范围内分片区开展。

六、生态工业园区效益分析

（一）日本

2005 年，日本经济产业省对生态工业园区进行的评价中揭示了《容器包装循环利用法》与《家电循环利用法》对循环利用的贡献度比例，评价认为生态工业园区建设工程的硬件工程方面的设施建设发挥了导向性作用。从生态工业园区建设工程内设施的贡献度比例来看，塑料饮料瓶的循环利用占全国塑料饮料瓶循环利用的 10%、家电循环利用占全国家电循环利用的 16%。而且，生态工业园区建设工程软件工程还有一项成果就是设施的参观人数。截至 2004 年，生态工业园区参观人数达到了 35 万人次，起到了对这些地区的居民和中小学生普及与启发的效果。此外，政府的补助金对于振兴产业和地方经济所起到的效果也受到了积极评价。

受环境省委托的研究会经过调查表明，在资源循环的效率与削减环境负荷方面，生态工业园区取得了如下成果：从资源循环效率来看，2007 年，投入的 220 万 t 的循环资源（废弃物和副产物）中约 91% 得到了利用（其中 120 t 属于材料循环利用）。从削减环境负荷的效果来看，调查中展示了两点成果：一是 2007 年最终处分量削减了 100 万 t，与 2005 年的最终处分量相比（具体时期有所不同），削减了 3%；二是估算表明，日本 2007 年的二氧化碳排放量削减了 42 万 t。

（二）韩国

韩国生态工业园区建设取得的效益主要体现在以下几个方面。

1. 有效减少温室气体排放

据统计，韩国 2005—2012 年开展了 41 个生态工业园区项目，在实现二氧化碳减排方面，每年可减少 952 281 t 二氧化碳当量的排放量。如果提早建立生态工业园区项目，韩国则可能在 2004 年从工业部门排放的 1.995 亿 t 二氧化碳当量中减少 0.48%（ EIP 项目开始前一年）。根据韩国 2013 年第四季度 1 000 多个生态工业园区二氧化碳排放汇总数据，仅 41 个生态工业园区项目的收益是十分可观的。

2. 规模发展迅速

图 2-4 显示了韩国授权已实施生态工业园区的项目数量以及实际运营数量。韩国在生态工业园区计划的第一阶段开发了 175 个项目，其中 116 个项目被授权实施。 在这 116 个项目中，68 个涉及副产品再利用，21 个涉及各种类型的能源使用（如使用来自废物焚烧或厌氧消化的余热，来自副产品的热回收），8 个涉及废水再利用。

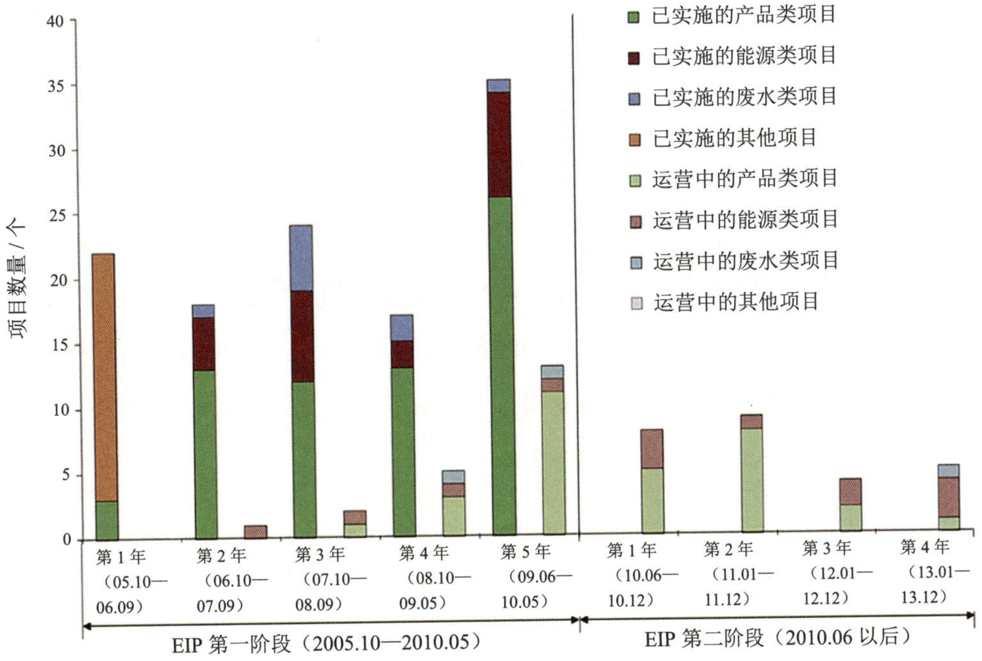

图 2-4 韩国生态工业园区项目执行情况

3. 经济收益高

通过分析可知，截至 2013 年，韩国建立和运营的 47 个项目共产生了 1.89 亿美元的经济效益，即 9 700 万美元开支的节省和 9 200 万美元的盈利总和。一般来说，由于规模较大，能源项目往往比副产品项目产生更大的收益。

4. 环境效益显著

在第一阶段的 47 个项目中，平均每年重复使用 15 515 t 副产品。在能源方面，最典型的是能源每年减少 20 000 ～ 30 000 t 油当量，蔚山的蒸汽共享项目发现能源每年减少 40 000 ～ 50 000 t 油当量。在每个废水项目中，每年减少的废水少于 50 000 t。

5. 发展了各类资源数据库

由于具有巨大的工业共生技术潜力，区域生态工业园区中心在 5 个试点建立了各种材料、组织、人力和基础设施资源数据库。因此，第一阶段的生态工业园区计划建立了 17 600 个材料数据库、4 000 个工业现场数据库、7 100 个相关组织和人力资源与基础设施资源数据库。

6. 促进地方人力资源发展

除了商业行为者之外，为了动员各利益相关方参与，区域生态工业园区中心为来自企业、大学、研究机构和地方政府的 969 名利益相关者组织了 27 个项目，旨在促进之间的沟通、分享和合作。生态工业园区中心还聘请了 51 名专家，如聘请商业退休人员和教授作为协调员传授项目开发和实施方面的隐性知识。该项目的成功及其经济和环境成就的分享使该地区其他利益相关方增加了兴趣，对生态工业园区计划和区域生态工业园区中心增强信任，从而为生态工业园区计划创造了动力。

（三）中国

中国的国家生态工业示范园区自创建以来，一直秉承绿色发展理念，通过调整产业结构、构建生态产业链网、加大基础设施投入、积极实践清洁生产等一系列举措，实现以较小的资源消耗和环境污染负荷获得显著的经济效益，有力地推进了区域污染减排工作。

污染减排方面。国家生态工业示范园区主要污染物排放总量较小且全部实现负增长。2015 年，园区在创造了全国 8.6% 的工业增加值的同时，整体化学需氧量、氨氮、二氧化硫和氮氧化物排放总量分别为全国工业排放总量的 1.6%、1.8%、0.76% 和 0.74%；与 2013 年相比，其中二氧化硫削减率是全国同期排放总量削减率的 2.73 倍，氮氧化物在全国排放量增长 19.8% 的情况下实现总量削减 36.83%。同时，国家生态工业示范园区污染物排放强度逐年降低且削减速率快。2015 年，国家生态工业示范园区 4 种主要污染物排放强度均比全国总排放强度低 90% 以上；与 2011 年相比，国家生态工业示范园区化学需氧量和二氧化硫排放强度分别削减 50% 和 57.1%，是同期全国两种污染物排放强度削减率的 1.57 倍和 1.58 倍。

资源节约利用方面。“十二五”期间，国家生态工业示范园区资源能源消耗强度显著降低，单位工业增加值新鲜水耗和综合能源分别为全国水平的 5.4% 和 12.9%，五年年均削减率分别为 12.7% 和 9.6%，分别是全国年均削减率的 2.3 倍和 22.3 倍。国家生态工业示范园区能源结构逐渐优化，碳排放强度进一步降低。很多园区都开展了可再生能源的开发和利用，如广州南沙经济技术开发区利用区域优势，开发生物质能与潮汐能，鼓励企业实施光伏发电项目，实现可再生能源使用比例达到 24.9%。截至 2016 年，国家生态工业示范园区碳排放强度年均削减率为 5.95%，有 14 家园区实现碳排放强度年均削减率达到 10% 以上，为 2020 年我国实现碳排放强度削减贡献 40% ～ 45% 的力量。国家生态工业示范园区不仅实现资源的节约利用，在资源的循环利用方面更是成效显著，园区固体废物综合利用率达到 92.4%，比全国高出 30 个百分点。国家生态工业示范园区平均绿化覆盖率已达到 35%，实现工业绿色和生态绿色的有机结合。

此外，国家生态工业示范园区在环境管理上将创新与严格要求相结合。所有园区都完成了“八个 100%”，即园区重点污染源稳定排放 100% 达标；园区重点污染物排放总量控制指标及地方特征污染物排放总量控制指标 100% 完成；园区环境管理能力完善度达到 100%；园区重点企业清洁生产审核实施率达到 100%；园区环境风险防控体系建设完善度达到 100%；园区内固体废物（含危险废物）处置利用率达到 100%；园区重点企业环境信息公开率达到 100%；园区生态工业信息平台完善程度达到 100%。

第三章
生态工业园区在“一带一路”沿线的国际合作现状

一、国际合作生态园建设现状

近年来，我国积极支持和推动国家级经开区深入开展节能环保国际合作，着力建设国际合作生态园。截至目前，已建立中德青岛生态园、中瑞镇江生态产业园、中奥苏通生态园、中法沈阳生态园、中法成都生态园、中意海安生态园、中意宁波生态园和中芬北京生态创新园 8 个国际合作生态园，除中法成都生态园位于我国西部地区外，其他 7 个均在我国东部沿海经济发达地区。

（一）中德青岛生态园

中德青岛生态园（国际经济合作区）是青岛重点功能区之一，园区现有中德生态园、中日（青岛）地方发展合作示范区等多个国家级合作平台，承担建设青岛德国、日本“国际客厅”职能。山东自贸区青岛片区约有 12.8 km^2 面积位于园区内。

中德生态园于 2010 年 7 月在中德两国总理见证下签约，2011 年 12 月开工奠基，2013 年 7 月启动建设。经山东省和青岛市委、市政府批准，中德青岛生态园管理委员会于 2012 年 6 月正式挂牌办公，为市政府派出机构。2013 年 7 月，青岛市政府决定成立青岛国际经济合作区管理委员会（挂青岛中德生态园管理委员会牌子），为青岛市政府派出机构，由青岛西海岸经济新区管委会代管。

园区平台公司为中德联合集团有限公司（以下简称联合集团），是新区直属国有企业，负责园区开发建设、投融资、封闭运作等。2013 年 7 月，青岛市政府与联合集团签订《土地一级开发整理及封闭运作协议》。2018

年6月，青岛西海岸经济新区管理委员会下发《青岛国际经济合作区封闭运作实施方案》（青西新管发〔2018〕40号），授权园区联合集团实行土地及财政资金封闭运作。青岛西海岸投资促进有限公司为园区招商公司，是目前全市唯一的专业化招商公司，负责对外宣传推介、招商引资、联络合作、驻德办事处运营管理等工作。

园区秉承“田园环境、绿色发展、美好生活”发展理念，到2021年底累计实现20家世界500强项目、3 000多家国内外企业落户发展，形成智能制造、生命健康、高端装备制造等多个引领性产业体系。园区作为全国唯一获奖园区，获联合国“可持续城市和人居环境奖”，先后在综合标准化、低碳城市、绿色制造、智慧城市、智能制造等方面获得十多项国家级荣誉；园区标准纳入商务部制定的《国家级开发区发展导则》；获选中德智能制造联盟副理事长单位，加入中德友协理事单位、中德经顾委理事单位；商务部、住建部等先后在园区召开全国经验交流会；代表青岛市迎接山东省新旧动能转换现场观摩；获得由《环球时报》通过大数据评选的“改革开放40年最具开放活力园区”“最佳营商环境园区”等称号。

以高新技术创新突破新兴产业。青岛首个新兴产业园——青岛集成电路产业园首批项目集中开工，富士康电子元器件产业园项目签约，德国代傲、杭氧等配套项目顺利推进，年内打造千亩产业园区、新增千名专业人才、建设千亩人才社区。培育未来产业，华大智造生产基地正式投产，全球首个时空基因谷开工建设；清原创新中心建成运营，金卓平台累计达85万用户，覆盖全球150多个国家；提升优势产业，海尔工业互联网基地全部建成投产，海尔中德智慧园区获得德国工业4.0大奖，总投资8亿元的智能网联汽车示范应用项目签约落户。

以高标准要求引领生态工业园区建设。园区率先编制实施生态指标体系，形成完整生态园区规划体系共计31项37册；对标联合国2030年可持续发展目标，首个功能区生态指标2030体系通过专家评审，园区指标体系标准纳入商务部制定的《国家级经济技术开发区国际合作生态园工作参考指南》；

发布全球首个自贸区绿色指标体系；广泛实施生态技术，推广实施被动式建筑、绿色建筑、海绵城市、分布式可再生能源、模块化基础设施等先进技术，建设经验被山东省住房和城乡建设厅发文推广，获得首个德国 DGNB 区域认证。

以高水平开放推动国际高端对话。园区提升中德“国际客厅”，拓展日本“国际客厅”，日本最大门户网站——雅虎日本、知名刊物《经济界》对“日本客厅”进行专题报道；先后接待涉外使团 50 余批共 3 000 余人；举办承办各类国际活动 100 余个；中日（青岛）地方发展合作示范区获得国家发展改革委批复；青岛科技大学中德校区一期、中德应用技术学校顺利启用；申建中德工业大学；青岛中德智能制造技师学院获省政府正式批复；青岛自贸区首家德国独资教育公司艾瑞莱茵项目签约落户。

（二）中瑞镇江生态产业园

中瑞镇江生态产业园（简称 SSZEIP）成立于 2012 年 7 月，是中国和瑞士政府共同推动的战略性可持续发展示范项目。园区在镇江经济技术开发区内进行建设，镇江新区管理委员会和瑞士环境科技促进署作为双方执行机构，推进园区对外合作、招商引资等具体工作。园区积极帮助瑞士企业、机构向中国输出其绿色发展的理念、技术、产品和系统方案，着力推动解决中国城镇化和工业化进程中的生态环保问题，提升企业和居民的绿色生产、生活水平，全面增强区域的创新与可持续发展能力。

园区于 2014 年开园，拥有 23 万 m^2 研发、办公和成产载体。2015 年 1 月 1 日，江苏新中瑞联合投资发展有限公司正式运营，以市场化方式推进园区开发建设，力争通过 10 年左右时间，建设成为国际上具有影响力的高端生态产业聚集区、生态技术研发区、中瑞自由贸易示范区和低碳智能宜居区，旨在通过清洁技术、科技创新等方面的国际合作打造协同创新的开放平台，建成瑞士企业进入中国的重要门户和“中国城镇化和工业化进程中可借鉴、可复制的样本”。园区秉承新区“宜文化”，为企业家干事创业提供具有竞争力的条件和人性化服务。目前园区已集聚包括华大基因、孚能科技、科雅光电、江苏大学车辆产品实验室等在内的一批优质企业和机构，重点发展生命健康、节能环保、检验检测、新材料等产业。

（三）中奥苏通生态园

中奥苏通生态园成立于2020年5月，是中国政府与奥地利政府共同建设的生态园区，由苏通科技产业园区、锡通科技产业园一体化融合而成，是国家级国际合作平台，是南通、苏州、无锡三市跨江联动开发、推动区域协同发展的国家生态工业示范园区，总面积约为100 km^2，人口约10万人。

2015年3月27日，中国和奥地利在《中华人民共和国商务部与奥地利共和国联邦科学、研究和经济部关于共同支持建立中奥苏通生态园的谅解备忘录》中约定，中奥苏通生态园应在节能环保、绿色低碳发展的领域中成为示范性项目，并借此加强中奥双边经贸合作，体现了绿色高端的产业定位规划。双方的合作领域包括但不限于生态园区设计、规划与开发，生态环境监测体系及管理平台建设，新能源、节能环保技术和项目引进，先进制造业和高端服务业的集聚发展，相关职业教育及培训等。

中奥苏通生态园在发展过程中坚持生态优先、绿色发展的理念，在顶层设计中注重经济发展和环境保护的协同效果，在产业规划中注重结合国际和国内的产业优势，大力推动新能源、节能环保、精密制造等主导产业，力求实现产业的集约化、低碳化和高端化。

强化低碳建筑应用。为推进中奥苏通生态园项目，园区采用奥地利先进的节能环保技术理念，打造了中国—奥地利合作中心（以下简称中奥合作中心）。作为合作载体和示范项目，中奥合作中心设计、建造和使用均遵循了欧洲现在最流行的“被动屋”（passive house）理念。在设计过程中，园区委托奥地利国家技术研究院针对能源方案设计进行了优化完善，光伏发电、隔热材料等清洁能源和环保材料的综合运用，使中奥合作中心温度达到冬暖夏凉的同时，节能效果也可达到住房与城乡建设部公布的绿色建筑评价体系中最高级别——三星级绿色建筑标准。目前，这一节能理念已经在中奥苏通生态园的部分建筑中得以体现，今后园区还将在公共设施、厂房、住宅的建设和使用中引入“被动屋”概念，将绿色环保、循环利用等理念在全园推广。

重视新兴产业发展。园区将围绕“高技术、高附加值、高配套率和较大产业规模”的产业发展目标，鼓励发展电子信息、生物医药、新材料、新能源、精密机电、现代服务业等六大新兴产业，带动园区快速发展和提升综合实力。园区战略位置较为重要，周边的产业基础为园区的产业集群和城市现代化的发展奠定了坚实基础。园区西北侧的国家级南通经济技术开发区，经过 20 多年的发展，已拥有雄厚的产业基础；园区北侧、东侧的通州、海门，在县域经济综合实力排名中均为前 50 强。此外，园区周边分布着日本在我国最大的投资项目——王子制纸，中国最大的港口机械生产商——振华港机，美国通用电气、美国嘉吉、日本东丽等大型项目。

（四）中法成都生态园

中法成都生态园成立于 2017 年 4 月，规划服务范围为 131 km^2（其中以东安新城为核心的 39.8 km^2 纳入成都市产业功能区管理），常住人口约 26 万人，目前有“四上”企业 94 家、外资企业 20 家、外贸企业 11 家。园区功能定位为“对外交往新窗口、绿色低碳新典范、赛事名城新引擎”，重点发展新能源和智能网联汽车、工业信息网、国际商务、绿色低碳服务、体育服务、文化旅游等领域。园区先后获评“中国国际化营商环境十佳产业园区”“国际化高质量发展环境建设标杆园区”，在山东国际（地区）合作园区综合发展水平评价中位居第一。

全力打造共享空间。2020 年年底启动“成都中法合作馆”选址策划工作，合作馆选址于东安新城湖畔的文化艺术中心综合楼宇内，面积 3000 余 m^2，由法国设计联盟（ArchiFED）进行设计，集展示、推介、路演、接洽、交易、服务等功能于一体，可为商贸、服务、咨询、科技类法国（欧洲）初创企业和国内外绿色低碳机构、协会提供共享办公空间。合作馆路演展贸多功能厅、企业服务中心已建成，综合展厅、专题展厅正优化完善制作数字化内容，已于 2022 年整体呈现并对外开放。

持续畅通官方对话。保持与法国驻成都总领事馆的常态化沟通，初步形成月度工作通气、季度双向对接、年度主要领导会见的长效沟通机制。园区维持与法国驻成都总领事馆的日常交流，重点围绕"双碳"等国家战略、国别合作载体项目（中法合作馆）建设、重大国别合作交流活动（夏至音乐日）等进行深入探讨，并达成基本共识。

精心筹办文化活动。为搭建中法有效的沟通交流平台，园区联合法国驻成都总领事馆、中国法国工商会等筹办了"成都法资企业春季交流""中国法国工商会 2021 企业年会""成都中法生态园外企交流沙龙""成都中法生态园·夏至音乐日"等系列经贸文化交流活动，中法企业、机构、协会代表逾 1 000 人次参会。园区积极参与筹备了 2021 成都新经济"双千"（1 000 个新场景、1 000 个新产品）发布会，通过发布合作馆新场景吸引更多未来赛道合伙人，力求有效促进中法经贸合作。

积极探索低碳路径。立足"绿色生态低碳中法国际合作样板、'两业'融合国家试点公园新城"的功能定位，大力宣传推广园区业务并发布机会清单，深度接洽法国施耐德、法国 Careco 等国际知名企业，并与法国威立雅（Veolia）、美国绿建委（USGBC）、德国能源署等国际知名低碳发展机构达成阶段性合作意向，探索国际合作模式下的碳达峰碳中和实施路径。2021 年 9 月，园区举办"成都经开区（龙泉驿区）绿色金融助力低碳发展"活动，8 家金融机构与 9 家区内企业签订战略合作协议，签约总额超 200 亿元。

二、联合国工业发展组织（UNIDO）绿色工业园区创建

在工业绿色发展、工业园区绿色建设方面，2011 年，联合国工业发展组织与中国、哈萨克斯坦等合作伙伴萌生了"丝绸之路绿色工业计划"，该计划旨在把包容、可持续发展的绿色工业理念推广到丝绸之路沿线国家，计划通过中国一亚欧博览会这个平台，推动丝绸之路沿线国家的工业经济更好更快地发展。2012 年，联合国工业发展组织会同中国商务部、工业和信息化部与哈萨克斯坦区域发展部等部门，在新疆乌鲁木齐启动"绿色丝绸之路项目"，UNIDO 绿色工业园区便是其中的一项重要成果。"绿色丝绸之路

项目”的目的是把中国、中亚及欧洲连接在一起，加强中国与沿线地区的合作，开展建设绿色产业的相关项目，形成一个新的绿色工业发展带，实现绿色可持续发展。UNIDO 绿色工业园区是以可持续发展理念、清洁生产要求、循环经济理念和工业生态学原理为指导，通过物质流或能量流传递等方式寻求物质闭路循环、能量多级利用和废物最小化的途径，从而形成资源共享和副产品互换的产业共生组合，最大限度地提高资源能源利用效率，从工业生产源头将污染物的产生降至最低的一种新型工业园区。

2015 年，中国环境科学研究院编制的《UNIDO 绿色工业园区导则》（*Guideline for UNIDO Green Industrial Park*）由联合国工业发展组织正式发布，该导则是 UNIDO 首次为其成员国制定的有关绿色工业园区建设方面的指导性文件，有效地指导了“一带一路”沿线国家及工业园区绿色、包容、可持续发展。

2016 年，《UNIDO 绿色工业园区验证规范》（*Verification Manual for UNIDO Green Industrial Parks*）再次由 UNIDO 发布，进一步完善了 UNIDO 绿色工业园区的技术文件体系。

上述两个文件作为绿色工业园区建设方面的指导性文件，为进一步在“一带一路”沿线地区尤其是工业园区传播绿色、包容和可持续发展理念奠定了基础，也为“一带一路”沿线国家及工业园区实现绿色发展提供了依据。

《UNIDO 绿色工业园区导则》规定了绿色工业园区的验证程序、验证过程的原则性和通用性要求；明确了验证各方机构的职责、验证程序、验证申请、基础审核、验证评估、验证报告编制，以及验证评估指标及算法等。

《UNIDO 绿色工业园区验证规范》的制定旨在结合相关国际经验，为中国的绿色工业园区建设以及丝绸之路沿线国家绿色工业园区建设提供相关的政策和技术方面的指导。规范从绿色园区建设的组织架构、建设规划编制、环境管理体系、清洁生产、生态效率、节能、节水、污染预防和控制、环境友好型产品、废物管理、危险化学品管理、健康和安全以及应急响应等

13 个方面提出规范性、指导性要求和指南，引导各类型工业园区开展绿色工业园区建设。

截至 2018 年，中国共有 5 家国家级经济技术开发区获得了联合国工业发展组织认证授牌的“绿色工业园区”，分别是乌鲁木齐经济技术开发区、连云港徐圩经济技术开发区、张掖经济技术开发区、烟台经济技术开发区和泉州经济技术开发区。其中，乌鲁木齐经济技术开发区、连云港徐圩经济技术开发区和烟台经济技术开发区都已被命名为国家生态工业示范园区。

（一）乌鲁木齐经济技术开发区

2014 年 9 月 4 日，在联合国工业发展组织召开的圆桌论坛上，乌鲁木齐经济技术开发区（头屯河区）被该组织授予“绿色丝绸之路项目示范工业园区”的牌匾。这是新疆维吾尔自治区唯一一家被联合国工业发展组织授予为示范工业园区的园区，也是乌鲁木齐经济技术开发区（头屯河区）继 2013 年获得环境保护部、商务部、科技部批准开展“国家生态工业示范园区”之后获得的又一殊荣。

乌鲁木齐经济技术开发区（头屯河区）针对污染企业，做好行政执法与刑事司法的有效衔接，完善“一厂一档”工作，监管企业污染减排设施建设及污染源在线监测设施的运行，加大对空气、水、土壤及周边环境的监测力度，加大对违法污染企业，特别是白鸟湖和河南庄村等“地下”污染源的整治力度。园区原环境保护局对未批先建、未批没有验收的企业进行关停、处罚。在企业的生产工艺改进、转型升级等方面实施 24 小时督促、监管，对违法排污的行为坚决打击，发现一起、查处一起、关闭一起。创建期间，园区着力推进了五大类 73 项重点工程，有效保障了园区各项创建工作的顺利推进和圆满完成。2018 年 3 月，环境保护部、商务部和科技部联合发文命名乌鲁木齐经济技术开发区为国家生态工业示范园区。

（二）国家东中西区域合作示范区先导区（连云港徐圩新区）

2014 年 9 月，国家东中西区域合作示范区先导区（连云港徐圩新区）在第四届中国—亚欧博览会上被联合国工业发展组织授予“绿色丝绸之路项目示范工业园区”称号。连云港徐圩新区以其“生态、智能、融合、示范”的绿色发展理念和科学的规划建设体系，成为联合国工业发展组织首次在中国选定的两个推广试点工业园区之一，同时其也是“绿色丝绸之路项目”中唯一一家以化工为主导行业的工业园区。“绿色丝绸之路项目”试点成功后，将为中国及其他“丝绸之路”沿线国家实现绿色工业发展探索出一条新路。

作为国务院批准的全国七大炼化产业基地之一，连云港徐圩新区的产业定位是发展临港重化工产业，而通常重化工产业能耗较高、污染较大，与之配套的港口运输也是以散杂货、件杂货和液体化工产品为主。园区明确提出要建设生态、环保园区，先后委托相关单位开展了新型工业化、循环经济、生态工业示范园区等专题研究，把绿色增长和可持续发展作为一种使命和责任。在盐田里挖湖、对不符合产业导向的重污染项目不予入驻、规划设计静脉产业园等一项项扎实的举措让连云港徐圩新区的建设发展渐入佳境。

连云港徐圩新区先后完成了《江苏沿海新型工业化基地研究报告》《国家循环经济示范区研究报告》《徐圩新区国家生态工业示范园区建设规划》，2019 年建成国家生态工业示范园区，未来朝着建设钢铁化工循环发展样板区、生态文明建设引领辐射区、港产城融合发展示范区、打造中国生态工业的升级版试点园区目标迈进。

（三）张掖经济技术开发区

2015 年 7 月 7 日，在第二十一届中国兰州投资贸易洽谈会国家级开发区产业对接会上，联合国工业发展组织授予张掖经济技术开发区“绿色工业园区”牌匾，是我国被联合国工业发展组织授予此称号的第三个国家级经济技术开发区。

张掖经济技术开发区大力发展低碳绿色产业，形成以开发区为承载、以大企业为带动、以大项目为支撑、以集群化为方向的新型绿色工业体系，构建了农副产品加工、有色冶金新材料、新能源及装备制造、生物制药化工和现代服务业五大支柱产业，工业经济总体呈现基础条件不断改善、主导产业逐步壮大、承载能力显著增强、转型升级步伐加快的良好态势。经联合国委派专家组实地考察论证，张掖经济技术开发区符合绿色工业园区标准，并以绿色环保循环为导向，以转变经济增长方式为主，以提高发展质量为核心，以培育绿色环保主导产业为重点，创新经济绿色发展路径方法，成为联合国工业发展组织"绿色丝绸之路项目工业园区"的典范，具有较强的示范意义和推广价值。

（四）烟台经济技术开发区

烟台经济技术开发区在2015年9月11日召开的首届联合国海陆丝绸之路城市联盟会议上，被联合国工业发展组织授予"联合国工业发展组织绿色丝绸之路项目示范工业园区"称号，这是联合国工业发展组织授予我国的第四个、山东省首家绿色项目示范工业园区。烟台经济技术开发区立足可持续发展、清洁生产、循环经济发展的理念，在项目引进方面建设评审制度，优先引进绿色节能、低碳环保、优质高效的好项目，努力实现产业结构、能源结构协调优化发展。园区已经成功创建国家循环经济试点园区、国家生态工业示范园区、国家城市矿产示范基地。

（五）泉州经济技术开发区

2017年9月18日，在厦门国际投资贸易洽谈会上，联合国工业发展组织授予泉州经济技术开发区"绿色工业园区"牌匾。这是我国第五个，也是福建省首个获联合国工业发展组织认证授牌的"绿色工业园区"。

泉州经济技术开发区在建区之初就树立了绿色发展的理念。制造业的绿色发展是园区发展质量提升的根本。通过智能化手段改进生产工艺，促进生产过程效率的提高，以最少的消耗和排放获得更大的生产效益。园区发布了《泉州开发区关于促进创新发展进位升级若干措施的通知》，对认定的智能工厂、数字化车间，分别给予响应资金支持。对通过两化融合管理体系评定的企业，泉州市给予1∶1配套扶持。创建了一批以智能装备为核心的生产企业及数字化、智能化的生产车间。

面对用地饱和、发展空间有限的难题，泉州经济技术开发区大力实施"腾笼换鸟"工程，坚持动能转换不遗余力。通过实施换项目、换业主、换股权等措施，积极盘活“僵尸”厂房资源，淘汰落后产能，使区内土地资源高效利用，产业向高端化跨越式发展。

此外，泉州经济技术开发区打造现代化产业新城，实现绿色生活。园区绿化覆盖率为40.5%，主干道道路绿化达标率为100%，公园绿地500 m服务半径的覆盖率达到100%。泉州经济技术开发区正在从以经济为主导的传统园区向以生态经济为主导的二代开发区转型升级。

本书后续章节将详细分析多个园区绿色发展的典型经验，为“一带一路”沿线地区的工业园区提供绿色、低碳、循环发展的示范案例。

Part 2

国内案例篇

第四章
丝绸之路领跑者——乌鲁木齐经济技术开发区

乌鲁木齐经济技术开发区成立于1992年，位于乌鲁木齐市西北部，全区辖区管理面积为280 km^2，开发区集国家级经济技术开发区、国家级出口加工区、行政区、兵地合作区于一体，叠加高铁枢纽、白鸟湖高端商务区、哈萨克斯坦境外园等多种功能载体，是新疆承载要素最多的开发区。1994年，乌鲁木齐经济技术开发区被国务院正式批准成为国家级经济技术开发区。2013年，乌鲁木齐经济技术开发区生态工业园区建设规划通过国家生态工业示范园区建设协调领导小组组织的专家论证，环境保护部、商务部和科技部联合发文，正式批复同意乌鲁木齐经济技术开发区创建国家生态工业示范园区。2017年12月，环境保护部、商务部和科技部组织专家对乌鲁木齐经济技术开发区创建国家生态工业示范园区工作进行验收，决定将其批准为国家生态工业示范园区。

乌鲁木齐经济技术开发区先后通过绿色招商和优化选商吸引集聚了一批具有国际竞争力的先进制造业，通过引入众多大企业、大项目优先形成产业集群，并以产业集群为中心，逐步对各分产业进行延伸形成具备强引资能力、高经济效益的产业链。

一、绿色发展主要做法

（一）领跑丝绸之路五大中心建设，“两业”并举协调发展

乌鲁木齐经济技术开发区积极打造绿色产业链，通过绿色招商和优化选商吸引了一批具有国际竞争力的先进制造业，总投资额达到1 600亿元，完善了风电、食品饮料、汽车及机械装备、新型建材四大主导产业，并建成了

全国最大的风电产业基地和新疆最大的先进制造业基地。启动国家生态工业示范园区创建工作的几年来，园区实现工业产值 4 369 亿元人民币，占乌鲁木齐市工业总产值的 40%。

园区坚持先进制造业与现代服务业"两业"并举，获批国家电子商务示范基地并形成规模，新疆软件园、天山云产业基地集聚效应显著，以商贸物流、城市综合体、总部经济、文旅健康为代表的现代服务业实现全面突破，产业结构由以工业制造业为主向第二产业、第三产业协调发展转变。

（二）加快实施生态再造产城融合，区域特色低碳发展

创建国家生态工业示范园区以来，园区引进了大量的现代服务业项目落户，推动了园区产城融合的步伐。近年来，共投入绿化资金 15 亿元，先后实施了大绿谷、小绿谷、白鸟湖坡地公园、王家沟及周边荒山绿化，打造了苏州路、新医路贯穿园区的绿色生态长廊，城区绿化覆盖率超过 40%，形成了"两带串五园"绿化生态格局，为我国西北地区生态再造积累了宝贵的经验。园区大力倡导绿色出行，新增公交车、投放公共自行车、新建徒步道，实现绿色交通全覆盖。高铁片区新能源供热项目一期工程为高铁站周边地区供热面积达 43 万 m^2，每年减少标煤消耗 1 万 t；完成高铁核心片区 6.8 km 地下综合管廊工程，全面推进艾丁湖路、苏州路西延、新医路西延等 10.2 km 地下综合管廊；园区绿色建筑面积已近 300 万 m^2，建筑领域节能取得初步成效，打造了低碳园区建设的闪亮名片。以改善区域环境质量为目标，园区持续深化重点领域和重点行业污染治理。园区积极关停"十五小""新五小"企业，通过对居住区域 3 000 台自采暖燃煤小锅炉的清洁能源改造，使近 3 万居民享受到集中供热服务。

（三）不断完善区域生态工业链网，资源高效循环发展

面对西北干旱地区水资源短缺的发展"瓶颈"，园区不断提高水资源综合利用效率，健全水循环体系，通过建设雨雪水收集工程，用于城市绿化建设，每年可回收利用雨雪水资源约 1 000 万 m^3。将食品饮料行业企业生产的中水水源点与现有绿化管网连接，实现用企业中水替代自来水灌溉市政园

林绿化的目的，每年节约水资源将近20万t，并探索建立了缺水型地区企业中水回用于市政绿化的建设运营和监管机制。自创建新疆首个节水型工业示范园区以来，园区大力发展废水低排放水平的产业类型，注重发展循环经济。

园区把提高能源基础设施效率作为优先方向，燃气—蒸汽联合循环热电联产电站项目利用清洁类能源发电，项目能源利用效率比使用燃气锅炉提高近10%；园区某热力公司通过热力管网分布式变频改造及智能热网监控项目可使单位面积耗热气量比行业平均水平降低23%；园区某企业通过锅炉烟气余热回收节能项目每年可节约天然气16.1万m^3；园区某企业液化工业气体制造项目通过综合节能技术，年节约变压器电力损耗226.3万kW·h。园区不断推进企业开展强制性能源审计工作和在线电能监测，为企业开展节能降耗工作提供了有力支撑。

园区某油品企业利用地沟油及植物油榨油废料生成合成功能性绿色润滑基础油，以及有机钼型节能减排润滑油，同时还建设了一条1 000万m^2/a的防水卷材生产线，最终使企业每年削减废物2万t，实现了废物循环利用。某回收企业通过建立再生资源回收体系，每年企业90%玻璃瓶被回收。

在园区的推动下，企业积极开展低碳产品设计和应用，为“一带一路”地区的绿色发展提供了强力保障。某环境企业推广使用8 000台小型化分散式干空气能间接蒸发制冷设备，并应用于西部地区400万m^2建筑工程，每年节约电量约为4.5亿kW·h，减少45.32万t二氧化碳排放；某油品企业通过有机钼型节能润滑油产品研发项目，每年生产节能型润滑油3 000 t。

（四）打造“中国—中亚”合作标杆，生态文明共享发展

园区作为乌鲁木齐市向西开放的重要窗口，立足“一路一带”区位优势，通过中国—上合组织合作平台，先后开展了中国—中亚生态环保示范基地、中德低碳生态示范城区、联合国工业发展组织“绿色丝绸之路项目示范工业园区”等国际生态合作项目建设，构建了面向中亚的环保技术与产业国际合作服务平台，打造了西北地区生态环保产业发展新引擎，推动了“绿色丝绸之路”建设。

二、绿色发展成效与特色

（一）打造全国绿色低碳循环发展样板

乌鲁木齐经济技术开发区为实现节能降耗、提升资源利用率、加速推进能源集约利用工程，通过推进和完善煤改气工程来不断优化能源消费结构，使园区在产业持续发展的同时，综合能耗基本保持稳定；深入开展水资源梯级利用工程，尤其食品饮料行业水资源循环利用特色显著，重点产业水资源利用效率不断提升，成为新疆维吾尔自治区首个节水型工业园区；很多企业通过自主创新，自主研发绿色科技，推进废物循环利用，相关成果荣获国家科技进步奖和国际合作科技创新项目等荣誉称号，引领绿色低碳前沿。

（二）打造西北地区生态再造样板

乌鲁木齐经济技术开发区自创建生态园区以来，投入绿化资金 15 亿元打造了一大批重点工程项目，绿化覆盖率大于 40%，甚至优于大部分南方地区开发区。以污水深度处理回用为重点的水污染减排，探索了"企业—环保—绿化"的污水回用机制，有效解决了生态再造工程的生态需水问题。园区严格实行总量控制要求，积极推动大气、水、固体废物等重点领域污染减排与治理工作，重点开展以蓝天工程为重点的大气污染减排，配合乌鲁木齐市实施了全国最大规模的煤改气工程；以汽车行业为重点的 VOCs 特征污染物实现减排，油站油气回收管线、油气回收性加油枪更新和储油库及装卸油台油气回收改造，降低了挥发性有机物排放水平。乌鲁木齐经济技术开发区生态再造工程各种举措并行，效果显著，已成为西北地区生态再造的样板。

（三）打造生态文明国际合作创新样板

乌鲁木齐经济技术开发区在创建"绿色丝绸之路生态园区"过程中，不断加强顶层设计，加强环境管理制度创新，构建国际合作共建机制，推动各项环境管理平台建设，积极开展面向公众的环保宣传活动，群策群力构筑园区生态文明。依托经济技术开发区的地缘优势、港口优势和人文优势，在国家"丝绸之路经济带"战略的落实下，中国—中亚生态环保合作基地已落地，成为服务国家战略、面向中亚生态环保国际合作、实现区域绿色发展、有效带动周边经济的战略发展点。

三、典型案例

（一）绿色生态设计引领低碳制造

1. 面向产品研发的生态设计

（1）抗磨减摩节能润滑油

某油品企业成立于1995年，是一家从事润滑材料生产研发销售并为客户量身定制润滑、降耗全面解决方案的润滑环保专业服务商。公司产品包括节能润滑油（脂）、合成型润滑油（脂）、环保装备制造等，产品涉及20余类、700多种，生产的润滑产品凭借其优良稳定的品质得到了客户广泛的认可。同时公司致力于节能型润滑油的研发，积极开展产学研活动和科技创新，包括润滑油高压加氢精制工艺的开发、酯类合成润滑油工艺开发、烷基萘类高温导热油的合成工艺开发。

公司自主研发的FK303多功能抗磨减摩节能润滑油添加剂，相比于传统润滑油摩擦系数平均可降低37.60%，能降低工作负荷对润滑油的剪切，提高发动机功率，节省燃油12.4%；可以使污染得到大幅度降低，减少12.4%的大气污染物排放；可以延长发动机寿命；项目建成后可实现产节能型润滑油3 000 t/a。

（2）防鼠节水滴灌带

某科技公司是一家集研发、生产、销售、设计、施工、咨询及服务于一体的国有大型生产企业，主要产品有PVC管道、内镶式滴灌带（管）、PE软管带、管件等塑料节水灌溉器材。

公司对滴头、滴水孔进行重新设计，研发出地埋防堵、防鼠型内镶式滴灌带。产品自2014年研发以来，共生产400万m滴灌带，已应用于9 600

亩[①]鼠害地块，不仅使地埋滴灌带具有防鼠功能，还延长了滴灌带使用寿命，很大程度上降低了灌溉成本（图 4-1、图 4-2）。

图 4-1　使用防鼠型滴灌带前

图 4-2　使用防鼠型滴灌带后

2. 面向绿色供应链管理的生态设计

某开发企业主要经营各类废钢铁及废旧金属的回收、加工及销售，报废汽车的回收、拆解，多年来一直是某钢铁公司废钢资源控制战略的执行单位，承担着采购、加工和配送废钢的任务。

（1）废钢分类回收加工

我国铁矿石资源紧张，依赖进口，而废钢中含碳量一般小于 2.0%，硫、磷含量均不大于 0.05%，因此废钢是钢铁循环利用的优势资源，是唯一可替代铁矿石用于钢铁产品制造的原料。某公司每年加工、挑选符合炉前需求的废钢达 50 万 t，对废钢进行分类加工回收后配送合格废钢高达 80 万 t，相当于每年减少铁矿石使用 75 万 t，节约 60% 的综合能耗，减少 86% 的 CO、CO_2、SO_2 等废气排放，减少 70% 的废水排放（图 4-3）。

① 1 亩 ≈0.067 hm^2。

图 4-3　企业废钢铁回收利用

（2）报废汽车原样拆解

作为原国家环境保护总局指定的新疆维吾尔自治区唯一一家报废汽车回收拆解氟利昂（CFCs）回收中心，某企业承担着每年 1 万～ 1.5 万辆的报废汽车拆解工作，同时配套建立废油回收中心、废旧橡胶回收深加工区、废塑料分拣深加工区、废有色金属回收利用区等。每年拆解废钢 2 万～ 3 万 t，每年实现回收加工氟利昂 3 t，每年回收加工废汽油、机油 10 t，每年回收报废汽车废液 20 t，在条件具备后每年实现再制造汽车零部件 3 000 套（图 4-4）。

图 4-4　企业报废汽车原样拆解

（3）废油、废液、废橡胶、废塑料、废胶条热值回收

随着报废汽车回收数量的增多，该企业将橡胶颗粒加入高炉喷煤系统和焦炉中，取代焦炭和优质配煤，在保证焦炭质量及煤气发生量对环境无影响的前提下，回收加工废旧轮胎 5 万条 /a，废旧橡胶 1 万 t/a，产生再生胶粉

等产品 2 万 t/a。

3. 面向清洁能源技术研发的生态设计

（1）干空气能源

某环境公司是专业从事干空气能蒸发制冷设备的开发研究、生产和工程应用技术研究的高新技术企业。公司积累了丰富的干空气能制冷技术的研发、应用和创新的实践经验，致力于向用户提供节能环保型和创新型的商用水蒸发制冷空调产品和相关服务，包括用于全空气系统的单级、多级和复合型的蒸发制冷空气处理机组，用于集空气—水系统的间接蒸发式冷水机、新风机组、冷水机及空气处理机于一体的冷风冷水机，并为用户提供基于蒸发制冷方式的高效、节能、可靠、安全的空调系统应用解决方案以及工程安装服务。

①干空气能间接蒸发冷水机。

基于间接蒸发冷水机的温湿度独立调节的空调系统利用一台同时制备冷水和产生新风冷风的间接蒸发冷却设备来实现室内建筑的空调要求，显冷末端选型可采用干工况风机盘管或辐射供冷的末端装置（图 4-5）。冬季设备运行所需的热水温度可降低到 40℃，同时提高供热系统的效率；核心设备间接蒸发冷水机组的能效比（COP）可高达 18 以上；维护保养简便，运行管理方便，适用每层有空调机房的中小型建筑。

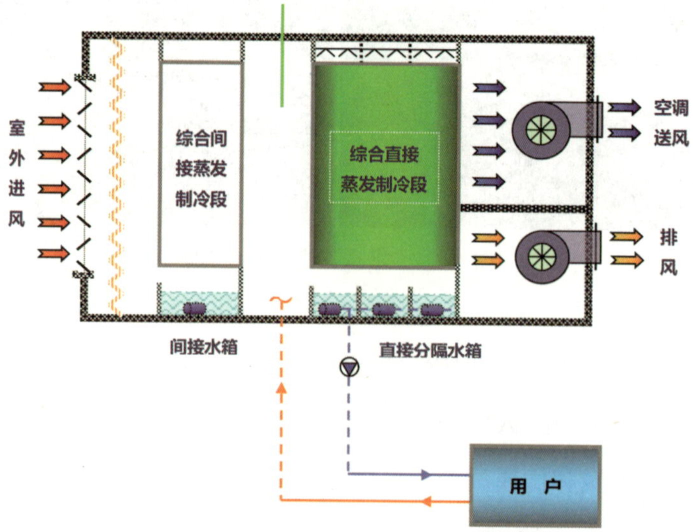

图 4-5　蒸发冷水机流程示意图

②干空气能多级蒸发制冷空气处理机。

公司具有完全自主知识产权的SZHJ-F型干空气能多级蒸发制冷空气处理机，是由较高综合间接蒸发冷却效率的间接蒸发冷却器和直接蒸发冷却器构成的空气处理设备。间接蒸发制冷由于具有等湿降温的独特性能，在多级蒸发制冷机组中起着至关重要的作用，按照间接蒸发制冷可以实现的方式，多级蒸发制冷机组可分为内冷型和外冷型。

以湿球温度为基准的间接蒸发制冷效率，根据不同的气象地区条件和建筑室内控制参数可灵活选择，该公司的高效间接蒸发冷却器有诸多优点：可节能75%；低品位能源干空气可以替代传统能源，综合间冷效率可达75%～100%；绿色环保，无氟利昂排放，全新风运行，室内空气质量好；系统安全可靠，维护管理方便等。

（2）水源热泵

某科技公司是全球领先的风电设备研发及制造企业以及风电整体解决方案提供商，一直积极探索新能源领域内的创新与发展，致力于将环保、节能贯穿于整套生产链之中。

传统供暖行业采用燃煤、燃气等方式将水加热后采暖，其能耗较高，浪费不可再生资源（如煤、天然气、油等），该科技公司研发的水源热泵系统以水为载体进行冷热交换。冬季，水源热泵系统将水体中的热量“取”出来，供给室内采暖；夏季，水源热泵系统把室内热量“释放”到水体中。水源热泵系统根据热交换系统形式不同，可分为水环式水源热泵系统、地表水式水源热泵系统、地下水式水源热泵系统、地下环路式水源热泵系统（图4-6）。

图4-6　水源热泵系统

（3）风力发电

某科技公司依托国家大力发展新能源的机遇和各项扶持政策的有力支持，长期坚持自主创新、研发、设计和制造风力发电机组，产品除被中国主要电力集团使用外，还进入了欧洲、美洲、大洋洲、非洲等海外市场。

开发区依托该科技公司并集合其他相关企业，已经建设成为包含风电机组研发、设备制造、技术、运营管理服务等完整体系的风电产业基地（图4-7）。同时，还建立了以风机制造为核心包括零配件和配套产品在内的横向耦合关系，引进补链项目，提高资源综合利用率。

图 4-7　某科技公司风力发电设备

（二）节能工程推动高效生产

1. 能量系统优化工程

（1）废润滑油再生润滑脂工艺优化

某油品企业成立于1995年，是一家从事润滑材料生产研发销售并为客户量身定制润滑、降耗全面解决方案的润滑环保专业服务商。该公司研发出一套适合国内的润滑油再生润滑脂工艺及设备，不仅克服了国内外传统工艺的缺点，而且无须控制废润滑油的来源、用途、黏度、酸值及杂质、水分、金属含量等指标。同时，公司通过一系列工艺优化和设备改进工程，在获得质量达标的再生润滑油基础油的前提下，大大降低了润滑产品成本，提高了经济效益。

工艺方面，通过将蒸馏过程中产生的可燃轻烃回收至管式汽化炉燃烧再利用或恒温蒸发器补热再利用，避免使用强酸、强碱等，从而减少二次污染；系统无须高压，投资更低，安全性更高，设备工艺及操作更为简单，易于推广实施。

该设备方面有以下几个特点：

①采用环境友好的真空恒温擦膜薄膜蒸发设备，将蒸馏过程中产生的可燃轻烃回收至管式汽化炉，通过蒸发器补热装置进行燃烧再利用，以补偿蒸发器内废润滑油汽化时带走的大量热量，保持蒸发器温度恒定，避免蒸发器内温度波动。

②采用浮阀塔板替代减压分馏塔所使用的泡罩塔板，处理量、操作弹性、分离效率均得到大幅提高。

③采用的旋转式丝网除沫器具有表面积大、质量轻、孔隙率大、除沫效率高、压力降小以及使用方便等优点；安装于塔釜恒温蒸发器中心转轴上的支架带动刮板轴上方，避免了空塔在气速较高的情况下塔顶溅液、雾沫夹带，保证专质效率，减少有价值物料的损失，改善下游设备的操作条件，从而提高塔板分离效率，使产品质量得到提高。

④采用加热装置，直接通入精馏塔顶部产生的可燃轻质气体，不仅充分利用其热值，还能消除气体排放，从而达到循环经济的作用［图 4-8（a）］。

⑤公司还为该套生产体系设计并生产出成套设备的在线黏度监测系统和自动控制系统［图 4-8（b）］，降低操作设备的工作强度，提高设备工艺条件控制的稳定性和精度，进一步稳定产品质量，提高安全性能；制备的再生润滑油基础油色度浅、闪点高、氧化安定性好，产品质量高；废润滑油的回收率达到 90% 以上，废润滑油处理规模为 2 万 t/a，投资回报高。

（a）冷却及加热装置　　（b）全自动控制系统

图 4-8　废润滑油再生润滑油脂装置及控制系统

（2）热力管网建设

某热力企业是开发区区属的一家大型国有供热企业，公司主业是向开发区二期延伸区及部分胜天房产提供供热服务。公司自成立以来，高度重视节能减排工作，同时引进行业先进技术予以支持。

①热力管网分布式变频改造及智能热网监控建设。

公司投资约 600 万元，针对所属换热站集中监控系统和一次网分布式变频供热系统进行节能技术改造：45 个换热站新增具备上传功能的现场自动控制系统，新配置 30 套无人值守换热站现场控制系统，实现热网的远程监控功能数据通信，实现热源锅炉参数传至热网监控中心，热网监控中心换热站参数传至 16# 换热站数据显示终端。

通过分布式变频供热系统节能技术改造项目的实施，解决了末端换热站难以调节的问题，使各个换热站热量根据所需进行调节，使供热系统更加平衡，调节更加便捷。分布式变频供热系统节能技术改造项目对热源厂的循环水泵进行了改造，所选循环泵功率大幅下降，节能效果显著，供热安全保障进一步提高。

②分户热计量系统。

公司汲取行业先进技术，对所属一次热力管网进行分布式变频改造和智能热网监控建设，通过此项改造将大型循环泵拆除，并改为在换热站处安装小型循环泵，不仅使电能消耗大大降低，而且改善了水利失调的问题，保证了供暖质量。并且在分布式变频的基础上建设了外网监控调度中心，通过自动化监控调节技术与人工修正相结合，做到了精细化调节和按需供热，不仅降低了过热热量损失，同时也提升了供热质量（图 4-9）。

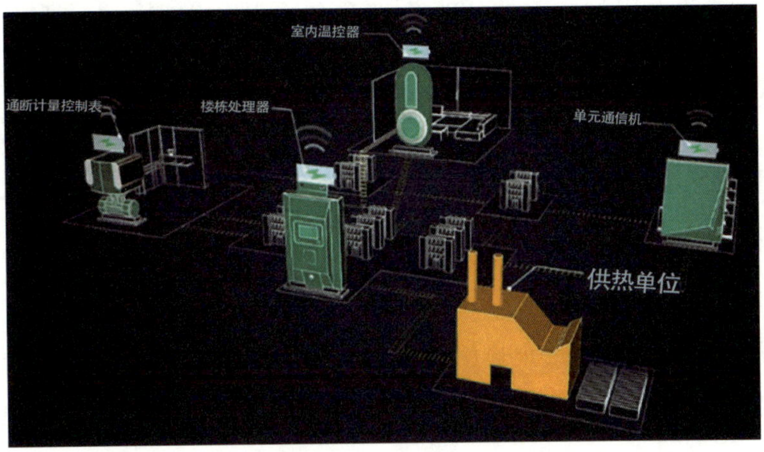

图 4-9　分户热计量系统示意图

采用通断时间面积法热计量系统，在建筑物热力入口安装热量表，计量采暖期内整座建筑物的耗热量；在采暖用户室内安装室温控制器调节采暖室温，在各用户的分支管路上安装通断控制器控制供热通断时间，达到控制室温平衡；系统依据各用户的采暖面积和累计供热通断时间计算分摊建筑物消耗的总热量。适用于室内的供暖系统应为共用立管为双管制的分户独立供暖系统，既可应用于新建集中供热住宅的分户热计量，也可应用于既有建筑供热住宅的热计量节能改造，既适用于散热器采暖系统，也适用于地板采暖系统。

该系统集成了计算机技术、通信技术、信息技术、网络技术、数据库管理技术、自动控制技术、供热水力平衡技术、节能技术等技术，为供热系统运行管理节能和分户热计量提供了系统解决方案。同时集成热网能源管理系统方案，包括换热站及热源节能改造方案、供热管网水力平衡改造方案、热网监控调度方案等，最大限度地实现供热节能目标。

2. 余热余压利用工程

某企业采用锅炉冷凝水回用系统，用于收集蒸汽冷凝水回收存放和处理后的自来水暂存即锅炉给水，使锅炉蒸汽冷凝水循环利用率达到 60% 以上，此项目节约了用水量和天然气，提高了能源的使用率，减少了废气的排放。

①锅炉烟气余热回收。

公司有两台锅炉，主要用于生产和冬季办公供暖，为了防止锅炉尾部受热面腐蚀和堵灰，标准状态下排烟温度一般不低于180℃，最高可达250℃，高温烟气直接排入大气不但造成大量热能浪费，同时也污染环境。蒸汽锅炉内水温极高，约为300℃，正常软化水补水的温度约为15℃，补水时由于补水温度和炉内水温温差过大，造成锅炉炉体碳钢材质的焊接点应力加大，长时间后会损害锅炉使用寿命。

公司将蒸汽锅炉烟气余热用于软化水补水预热，在燃气蒸汽锅炉上使用烟气余热交换器，通过水泵将水箱内的软化水泵送往省煤器，在省煤器中通过“H”形鳍片管与高温烟气进行热交换，达到加热软化水的目的（图4-10）。

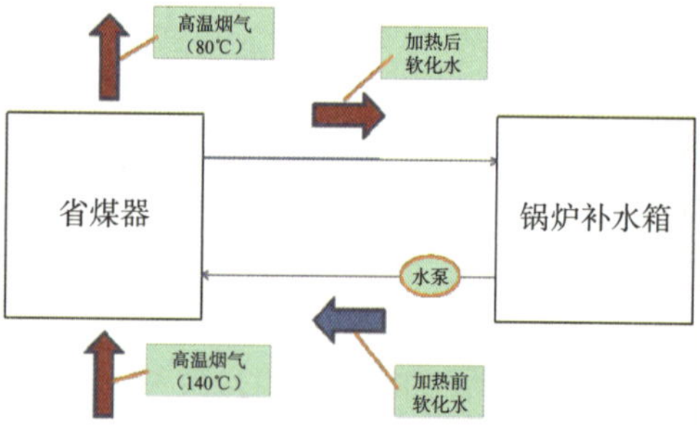

图4-10　系统工作原理

图4-11　实施现场展示

项目实施后，可有效提高锅炉热效率，节约燃气费用，减少二氧化碳排放，并且补水温度提高后，可保护锅炉炉体，延长锅炉炉体的使用寿命，6 t/h蒸汽锅炉补水的水蒸发量由15℃加热到85℃，可节约天然气46 m^3/h（标准状态下，热效率为90%），按每年3 500 h、每标准立方米天然气2.39元计算，每年可节约燃气费约38万元（图4-11）。

②蒸汽冷凝水回收。

工厂果汁线巴氏杀菌机蒸汽管路会产生大量的冷凝水，水温在80℃以上，存在大量热能，由于此部分冷凝水直接排放到了地沟，存在热能和水的浪费；与此同时，工厂热线产品在灌装后要通过冷瓶机进行逐级降温，而碳酸线产品需要通过暖瓶机升温，此过程也消耗了大量热能。

公司研究得出，冷凝水回收后水中的热能满足此过程所需的热能，将减少工厂的能源消耗，实现果汁线冷瓶机无须使用蒸汽，同时汽水线暖瓶通过此方法也可节省蒸汽的耗用，节约锅炉用水。公司对果汁线进行热能循环利用改造：将果汁线巴氏杀菌机的蒸汽冷凝水收集后通过管路接到果汁线冷瓶机第一道喷淋段板式换热器，对喷淋水进行加热使水温升高到 72℃以上，对灌装后产品进行热水喷淋；果汁线冷瓶机第一道喷淋段换热后仍含有大量热能的冷凝水通过板式换热器为汽水线暖瓶机提供热量；用于汽水线暖瓶后被降温的水再回到锅炉房用于锅炉补水，减少自来水用量（图 4-12）。

图 4-12　系统工作流程

（三）污染物减排营造绿色园区

1.VOCs 减排

某工程企业是一家集研发、生产、销售于一体的高新技术企业，主要产品有油田用玻璃钢管、聚乙烯管等非金属管。

不饱和聚酯树脂是生产玻璃钢管道的主要原材料，由于树脂中添加了易挥发的苯乙烯，所以在生产时苯乙烯会散发到空气中，在车间释放出难闻气味。公司投资 140 万元安装了一套空气净化装置，改善了车间内的空气质量。该企业在车间内各处都设置了空气收集口，通过风机将车间内的空气收集进排气管道，每个收集口的空气进入活性炭吸附装置，经活性炭吸附掉废气中的挥发性有机物，净化后的空气由吸附装置口排气筒达标排放。

2. 氮氧化物减排

某钢铁企业采用国内先进循环流化床烧结烟气干法脱硫技术（LJS-FGD），对 3 台烧结机烟气进行脱硫处理，实现了烧结机烟气脱硫同步运行率达到 100%，外排二氧化硫浓度小于 180 mg/m^3，烟（粉）尘浓度小于 20 mg/m^3，氮氧化物浓度小于 62 mg/m^3，达到特别排放限值要求。

3. 固体废物减排

（1）利用工装尼龙楔替代易耗品木质楔

某企业生产部门在生产 1.5 MW 机舱时，在压紧偏航接脂盘的工序中需要使用木楔压紧。因为接脂盘与偏航轴承间隔大小不同，木楔往往需要二次加工（削薄）后才能使用，由于削薄后的木楔不能再次使用，木楔使用寿命较短。

用尼龙楔替代木楔后，由于尼龙楔的硬度高于木楔，在压紧偏航接脂盘的过程中，尼龙楔不易被卡入接脂盘与偏航轴承之间的缝隙。若是加工削薄后使用，随着重复利用的次数增加，尼龙楔将会报废，导致其使用寿命大大缩短。但是尼龙楔的韧性及强度高于木楔，可对尼龙楔进行二次加工，在尼龙楔末端开约 1mm 的缝隙，可在保证尼龙楔能够压紧偏航接脂盘的情况下，提高其收缩性（解决其硬度高的问题），替代后更利于实现公司的环保理念（图 4-13）。

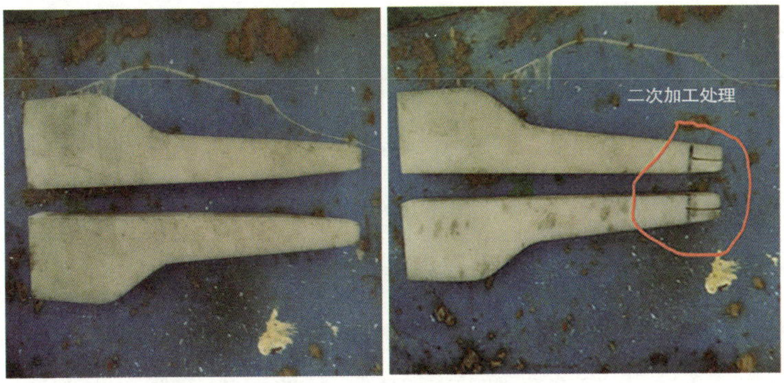

图 4-13　尼龙楔替代木楔工艺

（2）废旧油毛毡回收利用

某企业在生产 1.5 MW 叶轮时，带轮支撑内部油毡的凹槽存在油污及杂质，之前一直使用大布进行清理。由于凹槽较窄，手指不能进入，需要将大布折叠为四层，利用端子压紧大布进行清理。由于大布易破损，使用时需要注意其承受能力，因此当前的方式清理效率不高，清理效果不理想，大布消耗量大且容易损坏零部件。于是公司先使用清理效果较好的废旧毛毡清理带轮支撑毛毡槽，再使用大布清理（图 4-14 ）。

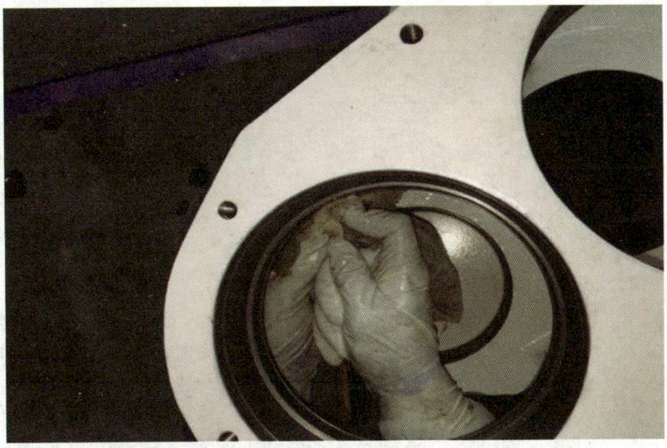

图 4-14　擦拭叶轮

改造后，工时由原来的单台平均作业 27 min 降低为现在的单台平均 18 min，按照该企业在新疆总装厂排产 1 200 台计算，全年可节约工时

180 h，按照工时单价 21 元计算，产生的直接经济效益为 0.378 万元；该工序单台人布使用由原来的 0.2 匹降低为现在的 0.1 匹，按照新疆总装厂排产 1 200 台、大布 4 元 / 匹计算，全年节约大布 120 匹，产生的直接经济效益为 480 元，同时废弃物料替代大布回收使用，也减少了垃圾的产生。

（四）水资源循环利用创建节水型园区

1. 中水回用作绿化用水

某钢厂工业废水深度处理厂采用水处理工艺技术“高效沉淀池 + 生化+TGV 滤池”预处理工艺 + “超滤 + 反渗透 + 钠离子交换器工艺”深度处理水回用工艺。处理废水为该厂区所有生产、生活排污水，设计日处理能力为 60 000 m^3，深度日处理能力为 24 000 m^3。处理后的中水达到回用水指标，全部回用于厂区生产及绿化用水系统，极大地提高了水资源的循环利用率，实现了厂区工业废水零排放（图 4-15 ）。

图 4-15　中水回用工程

2. 冷凝水回用

某啤酒公司蒸汽冷凝水原来没有全部覆盖回收。2014 年年底，公司对蒸汽冷凝水管线进行改造，2015 年年初将改造的系统全面跟踪回收，回收率从 65% 上升到 76%，能源消耗有明显的下降（冷凝水回收直接加入锅炉使锅炉的效率从 89% 提升到 92%，吨蒸汽天然气的消耗量从 80 m^3 下降到 77 m^3）。

公司每天会产生 2 ～ 5 t 温度为 90℃的蒸汽冷凝水，由于蒸汽冷凝水水质较好，又具有一定的热能，直接排放实为浪费。因此，公司将使用后的 90℃蒸汽冷凝水回收至 3 t 冷凝水储罐，与 RO_2 生产的纯水混合为 70℃工艺热水，用于配置锅第一道、第二道清洗步骤。改造后，不仅提高了水资源的利用效率，还回收了热能。

（五）园区整体生态设计

循环经济产业链的构建和完善可以增加开发区经济结构的稳定性，提高开发区内企业之间的互利协作，增加开发区内部的物质和信息流量，降低生产成本，提高企业竞争力。

（1）电气机械和器材制造业

电气机械和器材制造业是开发区的核心产业，是开发区循环化改造系统的重要组成部分，在开发区循环化改造中具有关键的作用。园区逐渐形成了以核心企业为主导，以风电机组研发、设备制造、技术、运营管理服务等完整体系为代表，通过带动专用设备制造业、电子零配件、通用设备制造业等为其配套产业的风电产业链；以几个大汽车企业为龙头，形成汽车整车、零部件生产和代谢循环经济产业链；以报废电子信息产品回收利用为核心，以电子信息产品生产为纽带，连接电子信息行业与加工业，形成电子信息行业—电子信息产品生产加工—电子信息产品—报废电子信息产品回收利用—电子信息产品的循环产业链。电气机械和器材制造业循环经济产业链设计见图 4-16。

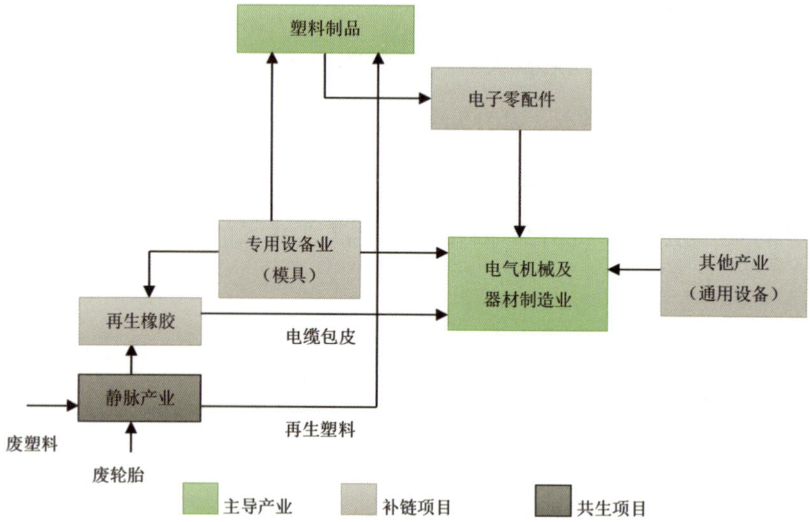

图 4-16 电气机械和器材制造业循环经济产业链示意图

（2）塑料制造业

塑料制造业是开发区的主导产业之一，园区逐渐形成以再生塑料回收为核心，以包装材料为纽带，连接塑料制品行业与饮料制品业、食品制造和农副产品加工，形成塑料化工制品—包装材料—农副产品加工—食品制造—饮料行业的循环产业链。循环经济产业链设计见图 4-17。

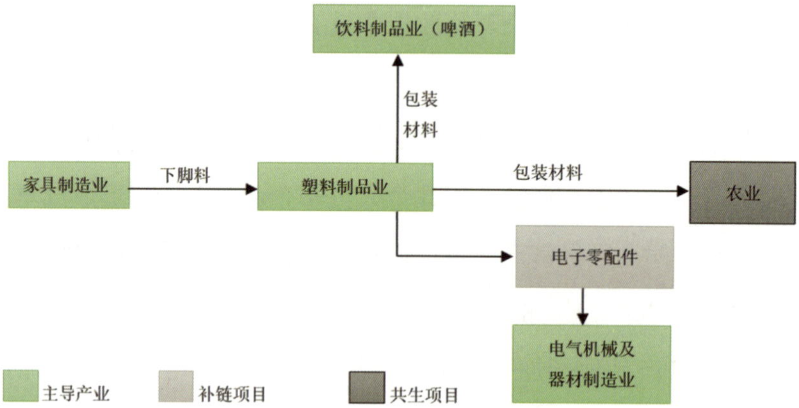

图 4-17 塑料制造业循环经济产业链示意图

（3）饮料制造业

饮料制造业（啤酒）也是开发区的主导产业，科学研究及实践证明，啤酒废酵母中含有 48% ～ 55% 的蛋白质、23% ～ 28% 的碳水化合物、6% ～ 8% 的核糖核酸、2% 的 B 族维生素、1% 的谷胱甘肽以及丰富的氨基酸和众多的矿物质元素，其再利用潜在价值非常巨大。据此，园区逐渐形成以酒糟、酒精、废酵母等回收利用为核心，以废酵母加工、酒精提纯等生产为纽带，连接农副产品加工，形成饮料行业—食品制造—农副产品加工—生物制药—包装材料—塑料化工制品的循环产业链。循环经济产业链设计见图 4-18。

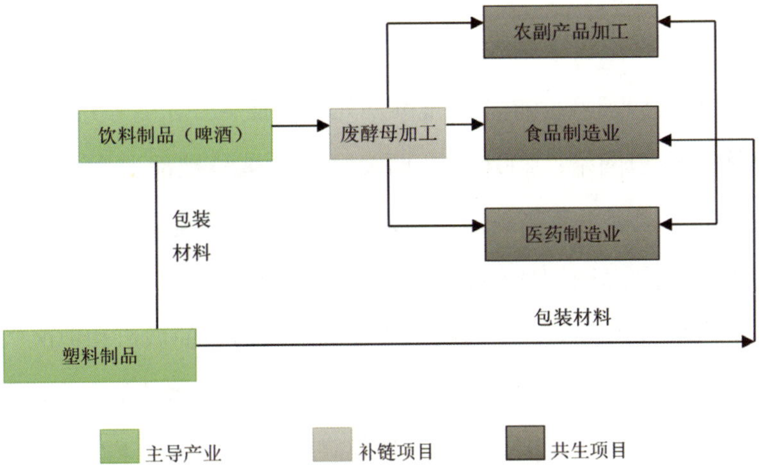

图 4-18　饮料制造业循环经济产业链示意图

第五章

“一带一路”创新之都
——西安高新技术产业开发区

西安高新技术产业开发区（以下简称西安高新区）是 1991 年 3 月经国务院首批批准设立的国家级高新技术产业开发区。1994 年以来，西安高新区的综合指标一直位居全国 53 个国家级高新区的前列，多次被评为全国先进高新区，并于 1997 年经国务院批准率先加入亚太经济合作组织（APEC）科技工业园区组织网络；2001 年，西安高新区被科技部列为“十五”期间重点建设的五个国家示范高新区之一；西安高新区的建设被西安市民以高票推选为“20 世纪西安十大历史事件”之一；2002 年 12 月，西安高新区被联合国工业发展组织考察认定为六个“中国最具活力的城市和地区”之一；2003 年 12 月，西安高新区被评为“中国 50 家投资环境诚信安全区”之一；2004 年 8 月被国家环境保护总局、科技部联合授予“ISO 14000 国家示范区”称号；2004 年 10 月，被评为西安“城市骄傲”第一名；2015 年 8 月，国务院正式批准同意西安高新区创建国家自主创新示范区，赋予西安高新区打造“一都四区”的历史使命。

在近 30 年的发展中，西安高新区始终坚持创新驱动发起，着力推进机制体制创新，充分发挥示范引领和辐射带动作用，实现了从无到有、从小到大、从弱到强的一系列重大跨越，形成了以电子信息、先进制造、生物医药、现代服务业为主导的产业体系，已经成为陕西省和西安市最强劲的经济增长极和对外开放窗口，成为国家高新区发展的一面旗帜，走出了一条内陆高新区依托自主创新实现跨越发展的成功之路。

一、绿色发展主要做法

（一）构建完善生态工业链网

打造产业集群。目前西安高新区形成了电子信息、先进制造、生物医药、现代服务业四大主导产业和通信、光伏与LED、电子元器件、电力设备、汽车、生物医药、软件与信息服务、创新型服务业八大千亿元级产业集群。

提升产业层次。西安高新区始终坚持“创新驱动发展”这一理念，以打造“一带一路”创新之都为目标，围绕产业链部署创新链、围绕创新链部署资金链，以科技创新为核心，建立了以企业为主体、产学研为纽带、多种服务网络平台为支撑的科技创新体系，深化了孵化培育、军民融合、院所分离、改造升级、合作嫁接等企业成长模式，促进了科技优势向创新优势、产业优势、经济优势的转化，走出了一条在内陆地区发挥自身优势、扩大对外开放、发展高新技术产业的成功之路，在区域经济社会发展中发挥了重要的辐射带动作用，同时走在了全国高新区的前列，成为国家建设世界一流科技园区的六个高新区之一，目前已成功获批国家自主创新示范区。

（二）打好污染防治攻坚战

大气污染防治。一是积极协调推进西安高新区煤改气工作，区内热源厂将燃煤锅炉进行了拆除，替换为天然气锅炉，蒸汽和热水锅炉改造为天然气锅炉，并顺利完成“汽改水”工程。二是加强机动车污染源管控，集中治理机动车污染，增加超标黑烟机动车遥感监测车辆，设置固定遥感监测点，开展机动车现场路检工作。三是全面开展汽车维修行业有机废气治理工作，组织对区内汽车4S店及综合汽修企业喷涂废气污染治理设施进行监管排查。四是西安高新区大力推进涉有机废气污染企业开展治理工作，已完成有机废气治理项目专项验收。五是开展餐饮有机废气整治，组织复查检查50余家大型餐饮企业选址污染处理设施安装落实情况。六是下发西安高新区建筑工地扬尘治理实施方案和中层领导包抓负责，按照“1+1+9”方案督促辖区内项目对扬尘治理“六个百分百，七个到位，十九条措施”进行随机抽查，发现问题及时停工整改。对施工单位现场存在土方覆盖不到位、道路有浮尘等现象，一律下发问题停工通知单，并要求各单位严格落实“六个百分百、七个到位、十九条措施”要求。七是开展区内天燃气锅炉低氮改造。八是实施清洁生产技改工程。西安高新区大力推进清洁生产审核，实施清洁生产工艺技改、原料减量或替代、余热利用等清洁生产方案。

水污染防治。一是污水处理厂运行情况。西安市西南郊（第七）污水处理厂一期处理能力为 8 万 t/d，二期扩建一阶段处理能力为 6 万 t/d，目前日处理污水约为 7 万 t。西安高新区第二污水处理厂处理能力为 5 万 t/d，目前实际处理量约为 2.5 万 t/d，西安高新区草堂基地污水处理厂处理能力 1.5 万 t/ d，目前实际处理量约为 1 万 t/d。二是在企业内部建设废水深度处理回用工程。西安高新区鼓励已有污水处理设施的企业建设深度处理工程，将污水就地转化为中水，回用于厂区绿化、冲厕、消防及水质要求低的用水工段，提高中水回用率，大大削减了 COD 和氨氮的排放量。三是开展集中式污水处理厂中水回用。西安高新区污水处理厂承担着集中处理企业生产废水、居民生活污水的功能，该污水处理厂出水经深度处理后回用于热源厂的锅炉补充水、道路喷洒、永阳公园、木塔寺遗址公园、唐延路遗址公园、南三环绿地等园林绿化。四是稳步推进企业清洁生产审核工作。鼓励园区企业开展清洁生产审核工作，通过实施清洁生产方案，减少废水排放。

二、绿色发展成效与特色

（一）链条丰富、动静结合，为构建生态产业体系提供示范

西安高新区注重生态产业链建设，围绕电子信息、先进制造、生物医药、现代服务业重点发力，按照“落地一个大项目、激活一条产业链、打造一片产业集群”的发展思路，集聚同类项目、完善配套企业、延伸上下游企业，电子信息产业基本形成了“研发—设计—材料及软件开发—设备制造—服务”的全产业链发展格局；先进制造业形成了“零部件生产— 配件组装—整机装配—服务—再制造”的动静结合产业链。

西安高新区多途径、全方位提高资源利用率，不断发掘企业之间废物交换的潜力，构建起多条静脉产业链：一是发展再制造产业，主要涉及废旧汽车零部件、工程机械、机床等，形成“废旧汽车零部件 / 工程机械—再制造”产业链。二是建立固体废物综合利用链，形成“废有机溶剂—精馏—有机溶剂”“废蚀刻液—离子膜—铜粉”“废硫酸—元明粉”等静脉产业链，提高了全要素生产率。

（二）点面结合、梯级利用，为园区水资源高效循环提供示范

西安高新区从企业、区域等各个层面入手，突破西部地区水资源紧缺的制约，多途径、全方位提高水资源利用率，形成以区域污水处理厂为核心、企业水资源梯级利用工程为节点的水资源循环利用网络，实现园区水资源的高效循环利用。

“点”上循环，形成高效用水的企业示范。以废水利用为例，首先，提高企业不同工艺之间的重复利用率，如某制药企业采取水针车间剩余蒸馏水重复利用、清洗水循环利用等措施，年减排废水 1 万 t；某半导体企业将划片水用于制纯水工段，将反冲洗水用于搪锡工序等，年减少废水产生量 1.6 万 t。其次，对于无法重复利用的废水，进行企业内部的就地处理及回用，如某汽车企业将废水经 A/O 工艺处理后回用于绿化及部分生产工段，年回用废水 9.3 万 t；某可乐企业将废水处理后回用于厂区绿化，年回用废水 1.65 万 t。同时，某大酒店建设了中水系统，将其作为冲洗马桶以及清洁、绿化用水水源，日回用规模为 100 m^3。

“面”上回用，建立水资源高效利用的园区示范。西安高新区编写了《西安高新区再生水利用专项规划》，实施了区域再生水利用管网的建设。目前已形成覆盖西安高新区 35 km^2 范围的再生水管网，并在再生水主管网沿线的公园绿地配套建设再生水喷灌（浇灌）系统，将再生水应用到日常市容环境养护工作中。

（三）创新驱动、高质量发展，为建设现代化经济体系提供示范

西安高新区所在的陕西省是我国的能源工业大省，重工业化特征显著，轻重比例失衡，导致资源消耗及污染排放呈现“三高一低”，严重影响到经济社会的可持续发展。西安高新区率先突围，坚持质量第一、效益优先，将创新作为引领发展的第一动力，推动经济发展质量变革、效率变革、动力变革，闯出了以高端产业引领、大企业带动、中小企业配套的发展新路子，构建起高科技、高质量、高效率的现代化经济体系，提高了区域经济的创新力和竞争力，成为中西部地区最具活力的园区。

产业类别上，西安高新区重点发展了电子信息、先进制造、生物医药和现代服务业，建立起了4个千亿级产业集群，培育了通信、新型电子元器件、软件与服务外包、创新服务业等具有较强竞争力的新兴产业，成为我国重要的高新技术产业发展基地。产业形态上，西安高新区紧盯“标杆型”“旗舰型”企业，大力引进处于价值链高端、技术含量高、具有高附加值的龙头企业和重点项目。产业发展模式上，西安高新区把重点放在“微笑曲线”两端，前端注重研发、设计，末端注重销售、服务，促进全区经济实现跨越提升。

（四）合力推动、政策支撑，为生态工业园区的长效建设提供示范

在生态工业示范园区的建设过程中，西安高新区始终采取“政府引导、合力推进”的工作方式，以西安高新区管委会为推进主体，积极争取国家、陕西省、西安市相关部门的技术指导和政策支持，确保工作落到实处、责任到位、支撑有力。

2009年，西安高新区成立了党工委副书记、管委会副主任挂帅的国家生态工业示范园区创建工作领导小组，在创建过程中，主要领导、分管领导定期组织召开工作推进会，并多次到现场督战、检查进度。西安高新区将生态工业园区创建工作纳入《西安高新区全面深化改革工作要点》，从改进园区管理、强化督查考核、创新服务模式、加强政策支撑等方面重点发力，为创建工作的高效推进、长效开展提供了可靠的保障。管委会成立了督查考评办，将生态工业园区创建任务分解到各部门，并与职能部门签订年度目标任

务书，明确工作任务、完成时间、考核要求等，运用督办单、专报、通报、预警提示函、季度目标责任书等多样化督查督办方式，按时间节点进行量化考核，提升了园区创建工作的时效性。

2010 年，西安市政府下发文件批准《西安高新技术产业开发区生态工业园区建设规划》实施，将西安高新区生态工业园区建设纳入西安市发展规划，并作为全市生态建设的重要内容来抓。省、市领导多次到开发区调研、指导创建工作，协调解决重点项目建设过程中的实际问题，为园区创建工作注入了强大的推动力。

三、典型案例

（一）产业集群项目

西安高新区在生态工业园建设过程中，以完善主导产业、壮大产业集群、提升产业发展水平为重点，相继引进和开工建设了一批科技含量高、带动作用强、节能环保的大项目、高新技术项目，进一步拓展延伸了主导产业链网，加强了企业之间、行业之间的产品及废物、水资源及能量的交换，构建形成了多产业复合、动静脉耦合的产业链网，以及水资源梯级利用链网、能源回收链网。

1. 电子信息产业集群

西安高新区以国家集成电路设计产业化基地和一批国内知名的研究院所为依托，以应用材料、半导体、微电子等行业为代表，形成了从设计、制造、封装测试到半导体材料及设备制造的较为完整的集成电路产业链。

西安高新区拥有 20 多个电子芯片研究所和测试实验室，是世界最大的纳米制造设备企业、世界半导体产业的领军企业。培养了一大批具有竞争力的电子元器件企业，在全国电子元器件市场占有较大份额。西安高新区有较强的无线传输技术研发和生产能力，很多知名企业都在西安高新区设立了研发中心或生产基地。区内已有 800 多家小型软件服务外包企业、30 多家外企及研发中心，形成了电子元器件—通信设备—软件服务的产业链条。

2. 先进制造产业集群

西安高新区汽车产业已初步形成集整车制造、技术研发、关键零部件加工配套、汽车服务销售和新能源汽车产业于一体的较为完善的产业集群。它是全国高新区中最大的石油勘探、钻采装备制造与技术服务基地，相关的企业超过了 100 家。西安高新区能源装备与技术服务产业的企业主要涉及油气、煤炭等资源的勘探开发及相关的装备制造与技术服务，在专业设备制造方面，有国内最大的石油钻机控制装备制造商之一；在专业技术服务方面，有国内最大的专业测井技术开发与服务提供商。西安高新区已形成了“零部件生产—能源装备制造—技术服务”的完整产业链。

3. 生物制药产业集群

生物制药产业作为西安高新区的主导产业之一，经过 20 多年的发展已初步形成以化学原料药和制剂生产加工为主体、以天然药物和中药开发生产为特色、以医疗仪器和设备研发生产为支撑、以新剂型药物和生物制品为增长点的具有比较优势的产业集群。

西安高新区生物医药企业超过 350 家，包括化学原料药与制剂生产企业、中成药生产企业、植物提取和医药中间体加工企业、生物制品研发生产企业以及医疗器械制造企业在内的一批重点骨干企业。拥有水针、片剂、胶囊剂等各类剂型生产线 182 条。形成了“天然药物和中药研发生产—原料药和制剂生产加工—仪器和设备研发生产”的产业链条。

（二）废物代谢类项目

1. 城市雨洪利用项目

深度开发雨洪，增加可用水资源量，是缓解缺水的措施之一。通过城市建设格局的调控，采取低于硬化面一定高度、大面积均匀分布的城市绿地，在整个西安高新区范围内将降雨分散接纳、渗入地下，减少或避免雨水径流外排，使雨水环境资源化。降雨进入绿地首先为绿地提供了水源，为绿色环境的发展创造了良好的条件；同时经过绿地的雨水可得到一定程度的净化，经收集管道排入沟湖时水质将得到一定的改善。现代雨洪利用对防洪、节水、去污具有重要的生态作用。

根据西安高新区各区现状情况，各区设置不同规模的蓄水池系统、人工湖、填料蓄水坑、绿地雨水入渗系统、透水地面、雨水调控设施、辐射井系统进行雨水调蓄、利用。

2. 西南郊污水处理厂中水回用项目

项目建成后实现深度处理回用水量为 1.5 万 t/d，处理后的再生水通过管道回输，回用水可用作工业企业循环冷却用水、市政绿化系统和浇洒道路等市政杂用水、设备冲洗用水等。

3. 垃圾分类收集推广项目

项目在各居民小区开展垃圾分类收集处理活动，便于垃圾的后续处理。分阶段启动居民小区垃圾分类收集试点工程，垃圾减量化、资源化处理，在居民小区推行垃圾分类收集工作。

4. 地源热泵项目

地源热泵是利用浅层地能进行供热制冷的新型能源利用技术，是热泵的一种，通常热泵都是用来作为空调制冷或者采暖用的。地源热泵还利用了地下土壤巨大的蓄热蓄冷能力，冬季地源把热量从地下土壤中转移到建筑物内，夏季再把地下的冷量转移到建筑物内，一个年度形成一个冷热循环，从而大大提高了建筑节能效率。

（三）配套服务类项目

1. 废物交换信息管理平台

建立工业固体废物信息交流网站，对废物信息进行网上发布，形成全区工业固体废物交换信息收集、发布系统，培育废物商品化交换市场。

2. 电子政务建设

重点发展通信网络、传媒等信息服务业，促进电信、电视、计算机“三网”融合。以信息业的网络建设为基础，充分利用现有党政机关部门信息系统，大力发展宽带接入和数字电视。加快数据宽带网、城市管理信息系统、社会公共服务系统等建设步伐，促进各部门、各单位信息系统和数据库实现联网，扩大网络资源的共享范围。

3. 办公节能项目

办公节能不仅可以在很大程度上减少能源消耗，还可以间接地减少大气污染物的排放和固体废物的产生，从而大大促进西安高新区节能减排目标的实现。建立节能标准，对企事业单位开展节能监督；制定年度节能目标，加入领导考核项目；定期公布节能排名，提高区内企事业单位办公节能的积极性。

第六章
西部环境友好强区——贵阳经济技术开发区

贵阳经济技术开发区始建于1993年2月，2000年2月被国务院批准为贵州省首家国家级开发区。开发区位于贵阳市中心区南隅，距市中心5 km，所辖面积63.13 km^2，首期规划建设面积9.55 km^2。2000年2月，国务院批准在贵阳经济技术开发区所在区域建立贵阳市第六个市辖行政区——贵阳市小河区，与开发区实行“两块牌子，一套人马”的管理体制。2012年，贵阳市人民政府对小河区行政区划进行了调整，按照《国务院关于同意贵州省调整贵阳市部分行政区划的批复》（国函〔2012〕190号），将小河区行政区域并入原花溪区，设立新花溪区，并且将原小河区相关社会事务交由新花溪区管理，贵阳经济技术开发区在花溪行政区域范围内独立运行，实际管辖面积99.8 km^2。

贵阳经济技术开发区以工业生态学理论为指导，建立以高新技术产业为主体、以工业共生和物质循环为特征的工业经济体系，在此基础上创建国家级生态工业示范园区。2009年，开发区管委会组织编制了《贵阳经济技术开发区国家生态工业示范园区建设规划》，并于2011年4月通过国家生态工业示范园区领导小组办公室主持的专家论证；2011年11月，环境保护部、商务部、科技部三部门同意贵阳经济技术开发区开展国家生态工业示范园区建设；2016年12月，贵阳经济技术开发区创建国家生态工业示范园区工作通过省级审查；2017年2月，贵阳经济技术开发区向国家示范园区建设协调领导小组办公室提交了验收申请。

一、绿色发展主要做法

（一）优化产业布局，产业链条加速形成，区域综合实力不断增强

贵阳经济技术开发区大力发展高端装备制造业、大数据、新医药大健康和现代服务业"3+1"产业，以龙头带配套、以配套促龙头的形式，重点打造一批大企业引领带动，中小企业协同共生的产业集群。通过不断完善装备制造产业链、医药产业链大数据及电子信息产业链等产业链，优化产业结构，低碳经济持续发展，生态产业链条基本形成。在充分发挥原有工业优势的基础上，引入与园区大项目培育关联度高的配套项目，积极构建"园中园"建设模式，形成大数据安全产业示范区、数字物流产业园、军民融合产业园、高端装备制造产业园、新医药大健康产业园五大特色产业园区，促进企业集群和产业链的延伸。目前辖区现有工业企业 1 000 多家，逐步形成了航空航天、电子信息、工程机械及应急装备、汽车及零部件、新医药大健康、烟草六大产业集群，成为贵州省工业化最具代表性的区域。

医药大健康产业方面，聚焦特色民族药、智能化医疗装备、健康养生及食品安全产业，全力推动企业与国内外优强企业深入合作，加强新品研制及产品深度开发，延长上下游产业链，着力发展保健品和中药（民族药），打造苗药"金字"品牌。加快推进医药产业智能化、服务化、生态化发展，打造家庭健康产品、医用传感器等智慧健康装备产品，促进新医药大健康产业扩大市场规模。高端装备制造业方面，重点推进航空航天产业、工程机械及应急装备产业、汽车及零部件产业加快发展。大数据产业方面，以大数据安全和数字物流为主要发展方向，大数据安全"1+1+3+N"总体架构全部落地，贵阳大数据安全产业示范区初步建成；同时数字物流产业快速发展，实现主营业务收入 16 亿元，同比增长 567%。现代服务业方面，以分散型电子商务园区建设为载体，全力打造以大数据为核心的高端产业聚集区，电子商务基地示范效用凸显。

（二）创新创业，激发经济发展活力

科技是第一生产力和第一驱动力。近年来，贵阳经济技术开发区将创新驱动作为经济发展的“加速器”，从政策出台、资金扶持、平台建设等方面，推动企业科技创新能力和水平的提升。在政策方面，制定出台了《贵阳经济技术开发区财政科研项目和资金管理办法（试行）》《贵阳经济技术开发区企业科技研发投入与创新能力建设资金补助办法（试行）》等系列政策，构建了区域创新创业环境。截至 2018 年，全区拥有 200 多家科技型企业，其中经科技部、贵州省科技厅认定的各类梯度科技型企业 120 多家，拥有高新技术的企业 74 家。在资金方面，研发投入不断加大，2018 年规模以上企业（不含军工企业）的研发投入预计增幅为 15% 以上，区级财政研发投入占财政支出的 4%，引导规模以上企业研发投入同比增长 14.45%。在平台建设方面，率先在全省开展创新型孵化器建设。

专利是创新能力最直接的体现。近年来，贵阳经济技术开发区知识产权工作的质与量不断提升，2018 年的专利申请量、授权量同比增幅分别为 18.19% 和 22.77%，有效发明专利达 525 件；成果转化率的质与量不断提升，“RM 系列矩形印制电路连接器产业化”等 5 个科技成果实施了转化，技术交易额达到 7 亿元。

人才是科技创新的第一资源。为强化支撑，贵阳经济技术开发区加快创新人才的引进和培养，全区汇聚“两院”院士、国家级专家等 20 余人，各类人才总数达 5 万余人。

（三）突出环境治理，环境质量不断改善

自创建工作开展以来，贵阳经济技术开发区通过实施“碧水”“蓝天”“绿地”工程，服务园区的污水处理厂增加到 5 个，污水处理能力达到 27 万 t/d，提升了 275%。阿哈水库饮用水水源水质达标率稳定在 100%，麻堤河、陈亮河成功摘掉劣Ⅴ类河流的帽子，水质达到水体功能区要求；空气质量优良率不断提升，NO_2、SO_2、PM_{10}、$PM_{2.5}$ 浓度逐年下降。绿地率、森林覆盖率和人均公共绿地面积稳步提高，良好的生态环境已成为园区的一张亮丽名片。

（四）突出管理创新，环境监管能力不断提升

创新环境管理模式。贵阳经济技术开发区成立了以环保、林业、水务等部门为核心的生态促进局，全面统筹负责国家生态工业示范园区创建工作，将部门间协作变成了部门内协作，进一步细化和清晰各内设机构在国家生态工业示范园区建设中的职能和定位，强化协调配合，提高环境管理效率和针对性。

环境管理智慧升级。贵阳经济技术开发区在国家生态工业示范园区建设中以信息化建设作为推动环保管理变革、提升生态文明建设水平的有效手段和重要途径，投资 1 200 万元建设集大数据管理、固体废物交易、应急管理、信息公开、大数据应用分析于一体的生态环境大数据管理平台，以先进的理念和信息化技术采集、整合、分析各类环境信息，通过建立覆盖全面、技术先进的"水、陆、空"智慧环保管理平台，使园区环境信息化及环境大数据管理能力大大提升。

打好污染防治攻坚战。贵阳经济技术开发区深入实施蓝天、碧水、绿地、净地、节能减排"五项工程"。严格落实"河长制"，完成辖区三条河流及阿哈水库、胖水牛水库巡查及监管，开展饮用水水源地环境保护专项整治，工业废水达标排放率达 100%，饮用水水源地水质达标率达 100%，麻堤河、陈亮河稳定达到Ⅳ类水体。

二、绿色发展成效与特色

（一）共享发展、生态链接，实现产业网络跨界延伸

贵阳经济技术开发区在国家生态工业示范园区创建伊始，就按照"龙头企业—产业链—产业集群—产业基地"的发展思路，在充分发挥原有工业优势的基础上，以"盘存量、抓增量，技改扶持、运行调度、拓展市场"为抓手，促进存量企业扩能增效提升产能，以园区建设和项目建设为抓手，促进增量企业快速建成投产。着力引进了一批科技含量高、产品附加值高、带动力强的龙头项目，通过以龙头带配套、以配套促龙头的形式，使产业链得到了延伸，

产业集聚取得了一定成效，基本形成了以特种车辆和工程机械为龙头的装备制造产业、以平板电视为龙头的电子信息产业、以卷烟和制药为龙头的烟草医药产业三条产业链。初步形成了航空航天、电子信息、汽车制造、机电工程制造、生物医药、特色食品和大数据七大产业集群，配套能力得到进一步提升，产品质量逐步提高。同时，园区在产业链招商中，不仅关注单个产业链的发展，而且力求实现产业与产业间的链网构建，实现产业链的跨界延伸。

（二）开放发展、生态转型，不断优化产业结构

近年来，贵阳经济技术开发区立足于小孟工业园区等核心支撑，借鉴东部园区在国家生态工业示范园区建设中的经验，大力培育和发展新产业、新业态、新模式，以“退二进三”为重点，积极发展大数据产业、先进制造业、现代服务业、战略性新兴产业，实现了优化产业结构、促进经济转型升级、提升园区综合竞争力的总体目标。

贵阳经济技术开发区在国家生态工业示范园区创建伊始，通过“431 工程”（“4”即推动电子信息、汽车制造、航空航天、电气工程机械制造四大优势产业集群引领发展；“3”即推动智能制造、新材料、生物医药三大潜力产业集群跨越发展；“1”即促进现代服务业集群高端发展）的强力推进，获得显著的产业结构调整。“十三五”发展规划更是提出要构建以“3+1”为重点的现代化产业体系，加快构建以大数据为引领的，以高端装备制造、大数据、大健康医药三大新兴产业为主导，现代制造业与现代生产性服务业协同发展的产业发展新格局。

（三）协调发展、生态整合，成立生态促进局全力开展创建工作

贵阳经济技术开发区在创建工作中，针对目前普遍存在的环境管理部门冗杂的问题，创新了园区环境管理模式，成立了以环保、林业、国土、水利等部门为核心的生态促进局，全面统筹负责国家生态工业示范园区创建工作，将部门间协作变成了部门内协作，进一步细化和清晰各内设机构在国家生态工业示范园区建设中的职能和定位，强化协调配合，提高环境管理效率和针对性。

生态促进局下设综合处、环境保护处、林业绿化处、水土保持处4个内设机构，主要负责生态工业示范园区创建工作，以及生态文明建设相关规划编制工作；依据主体功能区的划分，推动落实科学合理的城镇空间布局、产业发展布局、生态功能区布局；组织指导资源节约工作，统筹负责自然生态系统、环境保护、林业和园林绿化等工作；负责生态文明制度建设、生态文化建设等工作；负责拟定开发区内生态环境建设规划和污染防治规划并组织实施；承办开发区工委、管委交办的其他事项。

（四）创新发展、生态设计，助力环境管理智慧升级

贵阳经济技术开发区在国家生态工业示范园区建设中以信息化建设为推动环保管理变革、提升生态文明建设水平的有效手段和重要途径，以先进的理念和信息化技术采集、整合、分析各类环境信息，通过建立覆盖全面、技术先进的“水、陆、空”智慧环保管理平台，使园区环境信息化及环境大数据管理能力大大提升。

贵阳经济技术开发区智慧环保管理平台以数据整合、协同互动、服务高效、智能分析、多维展示、科学决策为目标，拟通过推进数据资源全面整合共享、加强生态环境科学决策、创新生态环境监管模式、完善生态环境公共服务、统筹建设大数据平台、推动大数据试点等途径，实现环境基础信息管理、污染源、固体废物信息源态监管，通过对工业固体废物的监控、分析、预警、调控，实现环保及固体废物行政巡查执法线上系统。管理平台为贵阳经济技术开发区生态环境部门、企业、社会公众提供智能化、可视化的环保信息管理应用，为环境管理提供有效的信息技术支持和服务，也为贵阳经济技术开发区国家生态工业示范园区建设提供信息支撑。

三、典型案例

（一）生态产品代谢类项目

1. 航空航天产业项目

某航天企业在高端连接器、继电器、微特电机、光电、线缆组件、二次

电源、控制组件和遥测系统等领域从事研制生产和技术服务，是国内集科研、生产于一体的电子元器件骨干企业之一。现已在贵阳、上海、遵义、苏州、泰州、镇江、西安、成都和东莞等地成立控股子公司和研究机构，形成了集团化、跨地域、专业优势互补的产业化布局。产品广泛应用于航空、航天、船舶、兵器、核能、电子、通信、医疗、轨道交通、能源装备、网络设备、家用电器以及新能源汽车等各个领域。

2. 工程机械及汽车零部件产业项目

某重工企业设计、生产和销售 3.5 t 级到 70 t 级的履带式液压挖掘机和 6 t 级到 30 t 级的轮胎式液压挖掘机，以及用户需要以挖掘机为基础变形的特殊产品及其他特殊工程车。其生产销售的各型挖掘机广泛服务于油田、城建、港口、道路、机场、农田水利和其他特殊工程领域。项目年生产挖掘机 460 台，实现效益 0.65 亿元。

某液压企业是航空工业飞机液（气）压系统、燃油系统、环控救生系统和发动机控制元件科研生产专业化企业，公司产品在大功率、高可靠性、高度集成化及机电液一体化等方面取得了进展。航空液压、燃油电磁阀、压力传感元件等军用产品及利用军品技术开发的部分民用产品在国内具有领先优势。其优势主要体现在数字控制技术、负荷敏感技术、精密传感技术、大功率重量比控制技术、高效电磁力转换技术和精密偶件配合加工技术、平面密封超精密加工技术、尖边密封精密与超精密加工技术等，其研究与应用在国内处于先进水平。

3. 电器机械及电力器材产业项目

某电线厂是一家以电线电缆生产销售为主营业务的集团企业，年设计生产能力 1 200 万 m，主要生产架空绞线、塑料绝缘控制电缆多领域特种电线、电缆。项目年产值 6 000 万元，年税收 300 万元，年利润 600 万元。

某生物科技企业主要从事智能化检查仪器、食品安全检测化学发光免疫试剂等产品的生产和研发。项目投资 2.4 亿元，总占地面积为 50 534 m^2，总建筑面积为 70 320 m^2，建立了抗原体产品线、胶体金产品线、试剂盒产品线等 8 条产品线，产品包括微生物试纸片、农残免疫试剂盒、维生素食品安全快速检测试剂盒等。该项目利用食品安全检测技术、农业大数据和农村电商等资源，创建了“云站 + 众创众筹”的商业运营模式，通过线上线下的有机结合，推动生鲜农产品电商产业发展。

4. 高端制造业项目

某电工企业主要承担了国产各机种航空电器开关以及飞机信号灯盒、控制盒等航空电子产品的配套工作，同时还肩负着航空发动机调控电器附件的科研与生产，是一家专业的航空电器科研制造企业，是航空工业系统中生产微动开关和以微动开关为基础产品的专业化厂家，2020 年产值达到 4.2 亿元。

（二）废物代谢类项目

1. 废物资源回收利用项目

废弃电器电子产品回收拆解项目用地 26 763 m^2，投资 1 811 万元。年拆解能力 50 万台，其中废电视 25 万台、废电脑 3 万台、废洗衣机 13 万台、废冰箱 6 万台、废空调 3 万台。2018 年产生废铜 305.611 t、废铝 106.14 t，废钢铁 2 648.448 t、废旧塑料 3 858.946 t。

某再生资源集散基地占地 33 300 m^2，投资 3 281.4 万元；2018 年产生废铜铝约 700 t，废钢铁约 90 00 t，废旧塑料约 300 t，废纸 8 000 t，废旧不锈钢约 600 t，收入 5 000 万元，利润 200 余万元。该项目使经济技术开发区机械装备废旧资源最大限度得到回收，并促进资源快捷、有序流动，最终达到废旧物资循环利用的目的。

2. 中水回用项目

某客车企业客车生产线主要建设客车生产所需的生产厂房及辅助配套设施、生活配套设施等。项目的实施，将形成年产大中轻型客车 5 000 台的能力，其中 7 m 商务客车 2 500 辆，中型客车 1 500 辆，大型客车 1 000 辆。为满足客车生产线异地搬迁技改项目的需要，公司决定投资建设处理能力为 60 m^3/h 的污水处理站，处理厂区内所有生产废水、生活污水；为充分节约水资源，提高水资源利用率，建设回用水量 200 m^3/d 的深度处理设施；同时建设中水供应管网系统，中水用于绿化及厕所冲洗等方面使用，年节水量为 18 万 m^3，节约自来水费 40 多万元，项目不仅具有良好的经济效益，其社会效益也比较显著。

3. 垃圾分类收集推广替代项目

中型垃圾处理设备是开发的新型垃圾处理设备。总投资 5 000 万元，垃圾源头处理设备使用成本极低，每吨垃圾的直接处理费用为 10 元以内，并可以使体积缩小 60% ～ 70%，重量减少 50% ～ 70%，可以为贵阳市垃圾运输及处理费用节省 100 ～ 120 元 /t，并大大降低分类和处理的人力成本，每年节约的成本超过 2 000 万元，每年可达到 2 000 t 的污泥资源化。项目可实现垃圾中可回收资源的再利用，减少环境污染，产生一定的社会效益和经济效益，为园区实现循环经济良性发展模式奠定基础。

4. 工业废料再循环项目

某电器企业通过改进生产工艺、新建模组生产项目、淘汰高能耗的设备，进行 source 板以及 T-CON 板的设计和开发。项目总投资 10 000 万元，实现销售收入 70 000 万元，新增利税 600 万元，新增加 266 个就业岗位，并通过带动配套厂家解决就业人数 300 余人；带动地方关联配套的塑料、橡胶、电子、机械制造等相关产业迅速发展；带动云、贵、川、渝地区关联产业的聚集和升级，带动贵、川、渝地区各种电子信息产业新技术的不断创新和进步。

（三）管理服务类项目

1. 信息网络建设

智能化管理平台示范项目核心内容是建设信息互动平台、各专业化园区平台和园区企业子系统，项目建设内容包括信息互动平台、各专业化园区平台，以及园区企业子系统。信息互动平台主要负责园区信息互动、资信发布；各专业化园区平台主要负责门户、内部信息化系统；园区企业子系统主要负责门户、个性化信息化系统。具体包括基础数据采集、基础库建设、指标体系、数据分析、卫星地图等内容。项目总投资 1 000 万元，资金来源为中央资金

500 万元，企业自筹 300 万元，银行贷款 200 万元。

2. 废物交换信息管理平台

工业固体废物交换平台及循环经济促进中心建设的核心内容是建设信息收集和互动平台，建设与运行面向贵阳经济技术开发区循环再利用专题网站。具体内容包括建设交换信息平台，通过现代信息技术和网络技术，借鉴国内外先进经验和模式，汇集多方面的力量和资源，充分利用数据仓库、数据挖掘、联机分析等先进的 IT 数据分析处理技术，对园区企业的工业固体废物进行监控、分析、预警、调控，为园区管理部门提供科学决策依据。通过固体废物交换平台及循环经济促进中心建设，推广循环再利用技术管理信息；开展企业循环再利用服务咨询，包括清洁生产、废物最小化、环境管理体系等；组织循环再利用培训等工作。

项目总投资 2 000 万元，通过项目的实施，综合运用信息化的优势与特点，能够有效地促进园区工业固体废物交换信息网络的形成，大大提高固体废物综合利用的速度和有效性，提高固体废物的综合利用率，每年促进固体废物交换和综合再利用 1 000 t。通过开展企业循环再利用服务咨询，包括清洁生产、废物最小化、环境管理体系等，为企业提供技术支撑，促进企业推广节能降耗技术，优化升级工艺流程，促进原料、能源、资源的循环利用，有效降低了单位 GDP 的能耗。

第七章
开放型现代化工业新区——郑州经济技术开发区

郑州经济技术开发区成立于 1993 年 4 月；2000 年 2 月，国务院批准其为国家级经济技术开发区；2010 年 11 月，获批创建国家生态工业示范园区（环发〔2010〕129 号）。经过 5 年的创建，郑州经济技术开发区于 2016 年 11 月 25 日被环境保护部、商务部、科技部联合批准为国家生态工业示范园区（环科技〔2016〕171 号）。区内设有河南郑州出口加工区、河南省留学人员创业园、郑州市高新技术创业中心 3 个国家级政策园区和中西部唯一的保税中心——河南省公共保税中心。

近年来，郑州经济技术开发区始终以完善提升生态工业示范园区建设为抓手，持续打好大气污染防治攻坚战，不断推进水环境、土壤环境质量改善，创新环境管理机制，打造“绿、水、林、田、湖”生态景观格局，彰显天蓝、地绿、水净的生态经济技术开发区新形象。

一、绿色发展主要做法

（一）加强组织领导，稳步落实建设工作

郑州经济技术开发区在创建之初即成立了以管委会主任任组长，生态环境分局、经发局、统计局、自然资源和规划分局等相关部门领导为成员的生态工业示范园区建设领导小组。领导小组制定并组织实施了《郑州经济技术开发区生态工业示范园区规划实施方案》，对生态工业示范园区建设的各个环节进行分工，将实施方案中目标指标、重点任务及项目进行分解，针对生态产业建设、科技创新、节能减排等方面出台了一系列文件。

郑州经济技术开发区始终坚持产业链招商原则，整合招商力量，针对产

业发展规划和产业链配套需求，重点围绕整车企业，引进一批有影响力的汽车零部件厂商和汽车服务企业。通过开展形式多样的招商活动，推进郑州经济技术开发区汽车产业集群做大做强，形成有特色的汽车与装备制造产业园。

“绿色招商”原则贯穿始终。郑州经济技术开发区在招商环节中将生态环境部门的建议纳入招商项目的综合决策过程，将节能环保指标作为重要判断依据，保证将生态化建设的理念贯彻到园区建设和经济发展的全过程，实现源头控制，推动绿色招商和产业生态化发展。

（二）转型升级集群发展，产业体系不断完善

郑州经济技术开发区坚持把产业作为经济发展的关键支撑，以打造河南省制造业主基地和现代物流中心为目标，突出三大主导产业，加快产业集群发展，推动产业结构调整和转型升级，使现代产业体系不断完善。

1. 汽车及零部件产业

汽车产业是郑州经济技术开发区三大主导产业之一，园区已集聚汽车零部件生产企业超过 100 家，形成了包括汽车整车及零部件制造、汽车研发、汽车贸易、汽车文化博览、汽车后市场、整车进口口岸等较为完备的产业链体系。同时不断衍生新动能，以整车企业带动汽车产业链条由制造环节向产业两端延伸，打造完整产业链，发展覆盖汽车全产业链的物流管理、售后服务和金融服务。

2. 装备制造业

积极实施装备制造业龙头企业培育计划，形成了以煤矿机械、工程机械、物流装备和特种机械、电力装备、精密仪器等为主体的先进装备制造业产业集群。按照习近平总书记视察时提出的“推动中国制造向中国创造转变、中国速度向中国质量转变、中国产品向中国品牌转变”的“三个转变”指示精神，园区聚焦人工智能、高端装备，围绕高质量现代产业体系建设，坚持创新驱动，以实质化、智能化、绿色化为方向，继续做强做大装备制造业，同时培育了一批具有自主知识产权和自主创新能力的高端装备制造龙头骨干企业。

3. 现代物流业

融入国家“一带一路”建设大局，推动“陆上丝绸之路”和“网上丝绸之路”建设，依托河南自由贸易区、郑州经开综合保税区、中国（郑州）跨境电子商务综合试验区“三区叠加”发展的重大机遇，依托公路港、国际陆港等现代综合交通枢纽，通过引进交易中心、结算中心、货代中心、商务中心、金融中心、总部中心，大力发展电子商务物流、快递物流、保税物流、冷链物流、医药物流等特色物流，打造一批优势突出、辐射带动能力强的特色物流集群。

（三）打造创新平台，创新管理体制

郑州经济技术开发区完善提升“创业苗圃（创业社区）—孵化器—加速器—创业创新综合体—产业园区—总部基地”的链条式、企业全生命周期培育体系，构建完善的创新创业载体群体。培育布局工程（技术）研究中心、重点（工程）实验室、企业技术中心等各级各类企业研发中心，持续推进大中型科技企业建设研发机构，积极组织企业申报省级工程技术研究中心和国家级企业技术中心。

为打造整洁、有序、安全、文明的新形象，园区推行城市精细化管理，制定《郑州经济技术开发区城市精细化管理三年行动计划》，站在建设国家中心城市的高度，围绕郑州中心城区现代化、国际化、生态化，提升城市发展理念，抓好以“修好治差、管住治乱、扫净治脏、追责治软”为主要内容的城市管理工作，提升郑州经济技术开发区城市管理智慧化、标准化和制度化水平，为园区产城融合发展打造宜居城市环境。重点推行“路长制”，采取“一路一长”负责制管理方式，通过与网格化管理、标准化管理、“门前三包”相结合，落实工作责任，及时发现、整改市政、环卫、绿化、市容、交通等方面的问题。

（四）开展绿色创建工作，绿色水平全面提升

为贯彻落实《中国制造 2025》，深入实施绿色制造工程，加快构建绿色制造体系，发挥绿色制造先进典型的示范带动作用，郑州经济技术开发区

积极开展绿色制造体系建设工作，园区内部分企业已成功申请成为"国家级绿色工厂"。同时，园区进一步开展绿色学校、绿色社区、绿色机关、绿色村庄等绿色创建工作，使绿色文明更进一步深入民众。

（五）培育生态文化，营造生态创建氛围

为号召公众从我做起，全社会节能减排，进一步推进郑州经济技术开发区国家生态工业示范园区创建工作，园区建设环保局每年均开展"六·五环境日"宣传活动，根据每年环境日的主题制订实施方案，在启明广场举行宣传活动，现场向区内环保义务监督员发放证书和服装，向公众发放环保宣传资料和环保购物袋；设置咨询台，现场解答群众关心的环保热点、难点问题；并组织公众对生态工业园示范区创建和环保工作满意率进行问卷调查。

郑州经济技术开发区管委会定期开展低碳环保知识进单位、进企业、进社区活动，提高公众的环保意识，让生态文明观念深入人心。在管委会及辖区企业内放置"低碳"和"生态工业园区"的宣传画及手册，结合绿色社区、绿色家庭的创建工作，在社区内布置以"六·五环境日"和绿色社区为主题的宣传栏，开展向社区居民发放低碳手册、环保购物袋等宣传活动。

二、绿色发展成效与特色

（一）开放发展，集聚优势产业，缔造丝绸之路上的生态工业示范园区典范

郑州经济技术开发区创建生态工业示范园区以来，地区生产总值年均增长率高达 56.8%。由此可见，国家生态工业示范园区创建期恰是经济增长的高速期，"两期"重合有效保障了郑州经济技术开发区的健康持续发展，缔造出丝绸之路上的生态工业园区创建典范。

郑州经济技术开发区集聚的汽车、装备和电子 3 个主导产业具有典型的全球价值链配置特征，作为中部崛起的先锋区，其不仅先前承接的汽车和装备产业开始放量增产，而且承接了电子产业等企业。郑州经济技术开发区集聚的物流和食品产业则是根植于河南本土的发展要素，郑州是亚洲最大的交

通枢纽，同时位于粮食主产区的核心。因此，审时度势，园区重点打造汽车及零部件、装备制造、现代物流3个千亿元级产业集群，成为丝绸之路上的产业高地是必然战略。

郑州经济技术开发区已拥有郑州出口加工区、国际物流园区、郑州国际陆港、河南保税物流中心、滨河国际新城等多种平台或载体，将发展多式联运国际物流、跨境贸易电子商务和国际化高端服务。

（二）创新发展，强化行业特色，塑造产业生态化的循环经济样板

创建期间，郑州经济技术开发区基于行业特点走创新发展的生态化之路，围绕龙头企业构建了颇具行业特色的循环经济产业链，塑造了离散工业的循环经济样板。

作为第一大主导产业的汽车制造业，开发区内的两家汽车公司各自带动了一批汽车零部件企业和汽车服务业的落地及园区化发展，形成了轮轴式的汽车生态产业集群，在带来了近60%的经济效益的同时，也为园区工业生态化树立了样板。汽车整车、零部件以及郑煤机等装备业基于科技、环保和节能等先进理念，在产品设计上强化自主研发、自主设计和自主制造，使装备产品在其动力性、经济性及排放指标等方面均达到行业先进水平。同时，在制造环节逐渐加速机器人的采用以达到高端化和生态化的目的。

离散工业的组装特征使得再制造成为产业生态化的重要特征手段。某机械企业主要提供工程机械、工业发动机和零部件维修、翻新、租赁及销售等服务业。公司以功能经济为理念，延伸了工程机械产业链，大大提高了园区的资源高效集约及循环利用水平。某环保企业则利用其先进的研发、中试及生产制造基地和技术优势开展水处理行业的膜再制造工程，逐渐转型为专业提供膜系统性能恢复的环保服务型企业，提供成套设备到客户现场，进行膜性能检测及膜性能恢复。

（三）共享发展，加速互联互通，打造一体化的生态基础设施体系

能源、水和废物循环等基础设施的共享是生态工业示范园区的特征之一。目前，郑州经济技术开发区基于基础设施共享和梯级利用理念，在企业和园

区两级尺度上加速这些基础设施的互联互通和耦合，打造一体化的生态基础设施体系。

在企业尺度上，对生产过程中的一部分较清洁的废水进行深度处理后，进行回用，用于园林绿化、道路清洗等；生产过程中产生的废切削液、含油研磨废液及粉末、电解池抛光废液、废活性炭、废涂料油墨渣、去遮蔽油墨废液以及污水处理厂产生的气浮污泥作为危险废品交给专业危险废物处理公司进行处理，同时将化学品容器返给由原厂家进行回收再利用。

在园区尺度上，尽管两座污水处理厂并不在开发区范围内，开发区内的5家企业仍在积极建设再生水回用装置，加大园区尺度的再生水利用规模和范围。在一般工业废物方面，逐步建设一体化的回收、分类和循环利用体系；在危险废物的处理处置方面，则进一步拓展危险废物联网的应用范围。

（四）协同发展，大力创新机制，营造生态工业示范园区创建的工作氛围

郑州经济技术开发区确立了“功能复合型、低碳循环型、高端服务型、人力资源型和区域共生型”生态工业示范园区的目标，以清洁生产、产业共生和循环经济为手段，通过技术创新、体制革新，集聚优势资源，提升产业发展质量，完善生态服务功能。

生态工业示范园区创建领导小组科学规划，以企业为主体，适应经济发展新思维、新常态，稳步推进创建工作，已形成了“政府推动、创新带动、政策引导、全面参与、以点带面”的良性发展模式。通过生态工业示范园区建设，郑州经济技术开发区已经建设成为一个产业布局合理、环境基础设施完善、环境风险防控机制健全、区域辐射带动作用强、三产融合、生态文明彰显的智能型生态新城。

三、典型案例

（一）产业升级项目

1. 自主研发液压支架

某煤矿机械企业是中国领先的煤炭综采综掘设备制造商，致力于生产及销售液压支架，是中国最大的液压支架制造商，能制造出四件组成整套用于地下采煤的煤炭综采综掘系统组件的其中三件，即液压支架、刮板输送机及掘进机。整个研发基地包括高端液压支架的研发、零部件生产、整架总装、检验与试验区。

液压支架在煤矿开采过程中用于控制采煤工作面矿顶的高度，并支撑矿顶，形成一个可移动的井下采煤空间，以便刮板输送机及采煤机在此空间下作业。液压支架的价值一般超过煤炭采掘系统总价值的 1/2。该企业作为中国为数不多的能够设计并制造符合欧洲标准 EN1804 液压支架的制造商，在 2004 年自主开发了中国首套电液控制系统的高端液压支架，自推出至今，该设备成为进口高端液压支架产品的重要国产替代产品，获国内采煤企业的广泛应用。

2. 转型升级膜系统维护

某环保企业设有研发、中试及生产制造基地，拥有高标准的现代化生产厂房和专有生产设施，可以满足大工业原水处理、循环水处理、锅炉给水处理、各种工业废水处理、高温含油蒸汽冷凝液回收、零排放系统工程等全厂水系统的总包工程建设与管理。

水污染形势日益严峻，因此再生水的推广迫在眉睫。但是在再生水生产过程中，各种膜系统存在易污染、难维护、使用寿命短等问题。该企业逐渐转型为专业提供膜系统性能恢复的环保服务型企业，可提供成套设备到客户现场，进行膜性能检测及膜性能恢复。公司目前可提供膜系统维护的服务有苦咸水膜性能恢复、海水淡化膜性能恢复、垃圾渗滤液特种膜性能恢复等 9 种。对产水性能下降、膜内部压力差升高、产水指标不合格等影响到正常生产的各类膜原件，该企业对其进行维护后，可将使用寿命延长一倍，这不仅提高了膜性能指标，还降低了运行成本，同时为业主节约下大笔运营费用，为推进再生水的利用做出了贡献。

（二）基础设施建设项目

1. 污水处理项目

园区内某两家汽车企业的工业废水均采用分质处理。由于工业废水所含成分不同，不同污染物所需的有效处理方法也不尽相同。分质处理可使不同工业废水中的特殊成分得到有效处理，还可根据不同车间需水水质不同而就地处理，循环利用。例如，其中一家汽车企业的脱脂液通过备用的置换槽置换循环回用，电泳液通过超滤处理后循环回用，喷漆废水由工艺设备自带的净化装置净化处理后循环使用；另一家汽车企业的脱脂清洗废水、电泳超滤废水、喷漆废水等都得到了一定程度的循环利用。

两家汽车企业的污水处理厂均设置了中水处理系统，生产废水及生活污水互混合处理后进入中水处理系统，从中水处理系统处理后的水回用于冷却水补水、总装车间淋雨试验、厂区绿化及卫生间冲厕等。

某精密电子企业生产过程废水主要有表面处理超声波清洗废水、含油综合废水、油墨喷涂废水、清洗废水以及空压机组循环冷却水排水等，对其中一部分较清洁的废水进行深度处理后回用，可用于园林绿化、道路清洗等；大部分废水排往污水处理厂进行深度处理以后，经市政管网送往其污水处理厂处理。污水处理站剩余的污泥、生产过程中产生的废陶瓷砂以及生活垃圾送往垃圾填埋场处理。过程中产生的废切削液、含油研磨废液及粉末、电解池抛光废液、废活性炭、废涂料油墨渣、去遮蔽油墨废液以及污水处理厂产生的气浮污泥作为危险废品交给专业危险废物处理公司处理，同时将化学品容器返给原厂家进行回收再利用。对原料进行加工时产生的边角料作为废金属外售。

2. 废物综合利用项目

园区内某两家汽车企业产生的一般工业固体废物得到了合理分类和综合

利用。其中的冲压废料、机加工废金属屑、各种废包材料等均交给专业公司回收利用；部分废弃零部件经专业再加工后，可重复使用。

值得一提的是，河南省正在推进危险废物监管物联网系统试点工作，某汽车企业作为试点之一，已将危险废物物联网集中应用于危险废物的产生、收集、贮存、转移、处置等全过程，运用视频监控、空间定位、电子标签数据扫描手持终端等信息技术手段，实现了危险废物申报登记、审批、转移联单、数据钩稽功能的全部信息化操作。

第八章
昔日盐滩的绿色转身——连云港徐圩新区

2006年，钱正英院士牵头提出要在连云港徐圩新区建设以精品钢和化工为主导、以节能环保产业为支持的临港产业基地。2011年，国务院批准在连云港建设国家东中西区域合作示范区——连云港徐圩新区为示范区先导区。2014年，环境保护部、商务部、科技部联合发布《关于同意江苏扬州维扬经济开发区等4个园区建设国家生态工业示范园区的通知》（环发〔2014〕198号），正式批复同意连云港徐圩新区创建国家生态工业示范园区，连云港徐圩新区创建国家生态工业示范园区工作由此步入了实质性建设阶段。

连云港徐圩新区创建国家生态工业示范园区建设期限以2012年为基准，规划近期为2013—2016年，规划范围包括化工产业园、精品钢产业园、节能环保产业园，以及城市配套功能区和现代港口物流园，共229 km^2。经过近几年的创建，连云港徐圩新区主导产业不断完善，已形成了钢铁石化产业为主导、港口物流仓储为辅助的产业发展形式，“特色化工循环发展样板区、生态文明建设引领辐射区、港产物流融合发展示范区”的生态工业园区格局基本形成。2019年7月5日，连云港徐圩新区取得“国家生态工业示范园区”命名。2014年9月4日，连云港徐圩新区被联合国工业发展组织授予“绿色丝绸之路项目示范工业园区”称号。

一、绿色发展主要做法

（一）产业链式招商成效突出，钢铁化工生态工业链初具规模

1. 产业链条补链招商

连云港徐圩新区主导产业为石油化工和精品钢制造业，石油化工产业现

有包括 SEB 石化、SH 炼化、HG 石化等主要石化企业；精品钢产业包括以双金属复合板、机械装备制造、钢管钢结构、镍合金、特钢不锈钢生产为主的企业。2020 年，连云港徐圩新区共承担连云港市重点项目 52 个，其中重点产业项目 20 个，年投资总额超过 500 亿元。依托钢铁化工产业的精品钢和化工产品，园区节能环保科技园重点打造节能环保制造业基地、环保装备制造基地、工业节能装备制造基地和节能环保新材料生产基地，为钢铁化工产业提供优质的节能环保设备，降低其能耗和废弃物的排放。

2. 钢铁石化耦合发展

园区以钢铁、化工、绿色港口物流为核心，构建园区绿色生态全产业链循环系统，将精品钢和化工两大产业的耦合、资源再生集约利用始终放在突出位置。目前已构建共生企业间、关联产业间的原料和产品链；建立再生资源回收和再利用体系，形成了钢铁、化工两大主导产业循环发展，全园区生态绿色的产业示范基地。在园区产业生态设计、清洁生产、资源高效利用方面，推动废酸再生、水解醋酸循环利用、残渣综合利用、中水回用、热电蒸汽冷凝液回用、雨水综合利用等项目；在能量高效利用方面，广泛开展余热余压发电或梯级利用、沼气循环利用等节能减排项目。通过这些项目的推动，园区每年可实现节能 56 514 t 标准煤，节水 657 万 t，年节约支出 5 480 万元。

（二）风险防控体系基本建成，港产物流融合不断加快

1. 环境风险监控平台建设完成

园区为提高风险防控能力，投资 1 000 万元形成涵盖区域大气环境、水环境、行业特征污染物、园区重点危险源的实时监控体系建设方案；建立钢铁化工产业和码头海域的环境风险数据库，编制精品钢园区和化工园区环境应急预案。并先后建成了连云港徐圩新区环境质量监测系统、企业水污染在线监测系统、应急指挥云平台、智慧安监综合管理平台、重大危险源监管平台、智慧环保综合管理平台以及推动区内化工企业泄漏检测与修复体系建设。应急平台的全面建成并投入使用，提升了园区风险防控能力。

2. 推动能耗与排放监测监管平台建设

投资 940 万元建设连云港徐圩示范区能耗与排放监测监管平台，集成能耗在线采集监测设备和污染物排放数据，在园区能耗、污染物排放方面实现在线监测，同时结合数据直报和数据交换等方式，对整个园区的碳排放情况进行核算、管理和分析。

3. 改善近海生态环境，提升园区生态质量

园区在建设国家生态工业示范园区期间，投资 9 900 万元新建近岸海洋生态补偿工程，对 30 万吨级航道一期工程实施近岸的海洋生态修复、环境整治、海洋监测、巡航执法和教育培训，修复海洋生态，美化连云港港口工程周边环境。目前项目已建成并投入使用，效益良好。

4. 发挥湿地调蓄滞洪作用，保障区域水安全

园区投资 38 亿元建设区域骨干河网水系，项目共分四期构建"三纵八横六湖"骨干河网水系；投资 30 万元建设连云港徐圩新区云湖水环境保护中心，加强云湖水环境的保护与监督，开展云湖水体清理和保护等工作；投资 1.5 亿元推动重点湖泊生态功能区建设，打造完成的生态旅游功能区，提升了区域生态景观水平，增强了防洪排涝能力。

（三）基础设施建设高标准推进，升级版生态工业示范园区初步建成

集中供热方面，徐圩新区在钢铁化工循环发展样板区投资 18.55 亿元新建 HY 热电联产工程，通过建设 4 台 440 t/h 高温超高压燃煤锅炉和 3 × 40 MW 级抽背式汽轮发电机组同时实施烟气脱硫、脱硝，为区内多个项目集中供热。

水处理方面，园区投资 5.40 亿元新建两座污水处理厂及配套管网，处理规模达到 7.8 万 t/d。

固体废物处理方面，通过搭建固体废物、危险废物处理处置中心，实现 3 万 t/a 危险废物焚烧、0.45 万 t/a 废矿物油综合利用、1.8 万 t/a 固化或稳定化、有效库容 22.85 万 m^3 的危险废物填埋场以及原料收运系统等，总建筑面积为 1.88 万 m^2。

连云港徐圩新区持续推进地下综合管廊工程和公共管廊工程建设。依托总长 24.8 km“三纵三横”的管廊建设，连云港成为江苏省地下综合管廊试点城市。管廊项目成为园内管道输送网络的大动脉，贯通上下游装置及公用工程，形成多产品链、多产品集群的园区输送管网，为徐圩新区石化产业园创造了良好的投资环境。

（四）生态文化培育工作强化，“一带一路”引领辐射效应初现

1. 打造产品展览展示中心

投资 10.32 亿元建设产品展览展示中心，占地面积约 188 亩，总建筑面积约 14.3 万 m^2，是集产品展览展示、文化学术交流、人力资源培训等配套服务功能于一体的多功能城市综合体，是徐圩新区开展东中西区域合作与交流的主要功能平台。

2. 建设连云港徐圩新区节能环保展示馆

连云港徐圩新区在生态建设方面设置 3 000 万元的节能环保创业投资引导基金，扶持园区内注册并从事节能环保、高端装备制造等产业产品研发、生产及服务的初创期科技型中小企业。同时投资 2 000 余万元打造整合各类节能环保服务资源的节能环保公共服务展示平台，规划建设节能环保展示馆、环境能源交易大厅等功能设施，用于园区节能环保的展览展示，推动园区节能环保理念的推广。

3. 建设生态工业信息平台

依托国家生态工业示范园区建设需要，园区打造生态工业信息平台，促进打破信息壁垒和市场分割，实现资源信息共享与产业共生。平台对接江苏省循环经济公共服务平台，为企业提供资源交易交换、排污权及碳排放权交易等线上交易平台，同时为企业提供政策引导及专家技术服务。

4. 举办节能环保设计大赛等环保公益活动

园区通过开展形式多样的宣教活动，把最新的环保理念、技术和动态带进开发区和各企业，强化政府、园区和企业的信息沟通。并在 2013 年推动了以“节能环保设计”为主题的全国性大赛，2014 年以来每年植树节期间

在云湖水利风景区举办了新春植树活动等生态公益活动，使得园区在致力于推动产业发展的同时，创造快乐、人文、和谐的园区环境，增进企业交流，共建和谐创新的园区文化。

二、绿色发展成效与特色

（一）形成全新规划型园区建设的典范

2009 年至今，连云港徐圩新区实现了工业从无到有的蜕变，从原来的茫茫盐滩发展到年产值超百亿元的国家级绿色化工园区和国家生态工业示范园区，这与园区建设初期的顶层设计、产业链招商、生态再造、基础设施共建共享密不可分。

连云港徐圩新区按照国家东中西区域合作示范区建设总体方案的要求，先后制定了《连云港徐圩新区发展战略规划》《连云港石化产业基地总体发展规划》《连云港徐圩新区国家生态工业示范园区建设规划》等多项规划，使连云港徐圩新区的建设有据可循。产业规划中明确，连云港徐圩新区布局为“一区六园”，重点打造石化和精品钢两大主导产业。凭借经济发展，同时为反哺生态和基础设施建设，连云港徐圩新区开展了近海滩涂“绿色盐碱行动”、区域骨干河网水系建设、近岸海洋生态补偿工程以及香河生态园中通道两侧芦苇湿地修复工程、道路及河道绿化工程、大型生态绿地复合廊道建设、重点湖泊生态功能区建设、重点企业绿化防护带建设等生态再造工程。此外，为加强配套基础设施水平，连云港徐圩新区建设了石化产业园公共管廊一期工程、地下综合管廊工程、固体废物处理处置中心、生活垃圾处理中心、连云港徐圩新区水厂、污水处理厂、热电中心等，助推园区可持续发展。

（二）打造“一带一路”生态文明建设引领辐射区

2014 年 9 月，连云港徐圩新区在第四届中国—亚欧博览会上被联合国工业发展组织授予“绿色丝绸之路项目示范工业园区”称号。联合国工业发展组织于 2012 年在新疆乌鲁木齐启动绿色丝绸之路项目，目的是要把中国、中亚及欧洲联结在一起，加强沿线地区的合作，开展建设绿色产业的相关项目，形成一个新的绿色工业发展带，实现绿色、可持续的发展模式。连云港徐圩新区成为联合国工业发展组织首次在中国选定的两个推广试点工业园区之一。在抓好重点产业和基础施建设的同时，连云港徐圩新区主动加大与“一带一路”沿线国家和地区的经贸文化交流合作，放大区域合作的品牌效应。2014年，园区委托专业咨询机构启动了“一带一路”平台研究和推动工作，研究提出了丝路产业合作园建设方案，并分别制定了与每个中亚国家的合作项目建议和合作政策。

三、典型案例

（一）基础设施建设项目

1. 化工产业园公共管廊一期工程

连云港徐圩新区石化产业园区公共管廊一期工程规划总投资2.40亿元，2014年建设完成全长3.8 km的公共管廊，管位面积为13万m^2，已经出租运营的管位面积为4.5万m^2，其中包含的管道介质有对二甲苯、醋酸、氮气、蒸汽、含油污水、净化风、生产和消防用水等（图8-1）。

图8-1　石化公共管廊一期工程

石化公共管廊的建设使园区内上下游产业资源共享、降低运输成本、保障物料运输效率和安全、规范生产管理、减少能源消耗，降低产品成本，取得了经济效益、生态效益和社会效益。

2. 能效与碳排放监测监管平台

连云港徐圩新区投资 940 万元，建设云计算中心与运行指挥中心。中心在企业、园区、政府的应用需求基础上深入分析，建设能效与碳排放监测监管平台。项目成果包括能效监测监管子系统、碳排放监测监管子系统两个软件平台的建设，以及对应的运行环境的集成和项目监理等相关内容。平台共关联 1 120 套信息采集检测设备、30 台数据库服务器，同时进行功能平台的软件开发与配套基础设施建设，实现对连云港徐圩新区内重点用能企业的能效的在线监测与管理。

平台通过实时采集现场数据，即采集用能数据、用水数据、业务数据、视频数据等，一方面实现能源使用效率的实时监测、数据上报、指标监管以及统计分析等工作的全程数字化，为管理决策层提供辅助决策服务；另一方面，通过预警处理，专门应对突发事故的响应及处理，全面提升节能减排工作"管、督、控"的整体水平，最终形成全面管理、流程控制、上下连通、实时监控、各级联动、应急预警的节能减排的监测监管功能。

连云港徐圩新区基于物联网的能效监测与管理平台项目广泛应用于城市建设的方方面面，提升了能源管理安全性，减小了污染事故发生的可能性，节约了设备设施的维护费用，同时经过统一规划尽可能避免信息化建设的重复投资。此外，平台为城市碳排放监控、节能低碳技术改造与升级提供有用的基础资料和数据，避免各类灾害事故发生，减小直接与间接的经济损失，为国家避免巨额的经济损失。项目也为节能减排技术的推广提供依据，提高企业能效水平，实现连云港徐圩新区节能、低碳、循环发展，加快实现节能减排目标，落实生态文明理念，为后期碳交易和碳税管理提供支撑，奠定基础，促进连云港徐圩新区和整个城市的经济社会环境可持续发展。

（二）循环经济建设项目

1. SEB 石化废酸再生项目

SEB 石化甲基丙烯酸甲酯（MMA）装置每年产生废酸 26.36 t，为了实现废物与副产物的综合利用，实现环保零排放，企业建设了废酸再生（SAR）项目（图 8-2）。项目总投资为 32 606 万元，主要包括废酸浓缩、再生单元、气体净化及吸收单元、反应及吸收单元、强酸系统单元、产品罐区、重金属脱除等单元及相应的公用工程、辅助设施，年产酸 21 万 t。装置竖向布置采用平坡式，地面水径流至道路路面，汇入路边雨水口，经由地下雨水管网排出厂外。装置采用废酸浓缩工艺，将 MMA 装置废酸中水含量从 30% 浓缩到 15%，具有效率高、设备体积小、节省燃料、流程简洁适用等优点。

硫回收（SAR）装置是一套独立的废酸再生装置，其进料为丙烯腈装置副产物的废浓缩硫铵和 MMA 装置废酸，产品为醇基多联产项目的丙烯腈需要的 98% 硫酸和 MMA 装置需要的 99.7% 发烟硫酸。SAR 装置可将丙烯腈、MMA 装置的废液进行焚烧，再经过处理生产硫酸产品，具有热能利用率高、污染小等特点。

图 8-2　SAR 装置建设期间全貌

项目建成后，可实现年均营业收入24 708万元，年均利润总额2 576万元，年处理丙烯腈装置硫铵液10.23万t，MMA装置废酸26.36 t，生产98%浓硫酸5.2万t，100%发烟硫酸15.8万t，实现三套联合装置的产品和副产物的综合利用和环保零排放。

2. SEB石化甲基丙烯酸甲酯项目

SEB石化丙烯腈装置副产物氢氰酸为2.7万t/a，为实现废物与副产物的综合利用和环保零排放，企业建设甲基丙烯酸甲酯（MMA）项目（图8-3）。装置投资4 985万元，建设规模为年生产8万t甲基丙烯酸甲酯装置生产线，原料资源化综合利用SEB石化丙烯腈装置副产物氢氰酸，并加外购的丙酮与甲醇作为原料。项目占地面积12万m^2，装置主要包括丙酮氰醇（ACH）单元、MMA单元、SAR单元、冷冻单元、公用工程、辅助设施。

项目工艺采用荷兰先进技术，投产后满足26万t/a丙烯腈装置副产物氢氰酸的处理要求，生产高附加值的MMA产品。

图8-3　MMA装置总图

本项目通过构建氢氰酸—丙酮氰醇—甲基丙烯酸甲酯产业链，不仅从源头上减少了污染物的产生，更对副产物加以利用，提高丙烯腈上下游装置的经济效益。项目对环境风险采取了相应的应急预案措施，努力降低环境风险。

3. HG 石化醋酸甲酯水解项目

HG 石化有限公司投资 1 000 万元建设 150 万 t PTA 项目，生产过程中每年产生废物醋酸甲酯（MA）约 8 000 t。变废为宝，减少氧化溶剂醋酸的消耗量和降低工艺尾气中醋酸甲酯的浓度，该公司建设了 MA 水解项目（图 8-4）。MA 水解成套单元装置的新增设备主要包括 MA 水解固定床反应器、MA 水解精馏塔、甲醇分离塔、进料缓冲罐、待检罐、甲醇储罐等。项目采用水解法，以阳离子交换树脂作为水解反应的催化剂，分解生成甲醇和醋酸，每年生产甲醇 4 000 t、醋酸 8 100 t（最大时每年生产甲醇 8 131 t、醋酸 16 200 t）。

本项目采用具有自主知识产权的醋酸甲酯水解装置专利技术，催化剂具有不易损坏、无泄漏、装填方便的特点，还可以保证转化率长期高效。

项目建成后，可实现年均销售收入 1 200 万元，年均利润总额 300 万余元，年均利税 75 万余元，产生较好的经济效益。该项目形成密闭循环、无“三废”产生、综合利用的生产过程，同时减少了氧化溶剂醋酸的消耗量和工艺尾气中醋酸甲酯的排放量，实现了资源综合利用。

图 8-4　MA 水解项目

4. SEB 石化高温凝结水回收及低温余热利用项目

为实现某企业装置凝液中余热的回收利用，首先通过闭路回收系统回收各装置副产的高温凝结水，统一送至冷冻换热站，再通过制冷机组和换热机组，利用高温凝结水中的热量，为全厂提供工艺和空调冷冻水、空调热水和采暖水。

冷冻换热站分为两部分，一部分为工艺冷冻水系统，通过溴化锂制冷机组为全厂工艺系统提供 7℃冷冻水；另一部分为空调、换热系统，夏季利用溴化锂机组为全厂提供空调冷冻水，冬季以凝液为热源通过换热器为全厂建筑等提供采暖热水或空调热水。各装置产生的饱和蒸汽凝液为溴化锂制冷机组或换热器（冬季）提供所需热量。工艺系统设计冷量为 14 884 kW，空调设计冷量为 7 034 kW。

本项目设计回收各装置饱和凝结水正常工况为 615 t/h，最大工况为 700 t/h，通过溴化锂制冷机或空调 / 热水换热器，将回收来的凝结水由 120℃降至 80℃，按正常工况，每小时回收热量为 2 460 万 kcal，换算成 0.35 MPa 的低压饱和蒸汽约为 37.6 t/h，全年按 8 400 h 计算，可节约 0.35 MPa 低压蒸汽 31.5 万 t/a。

5. HG 石化中水回用装置

根据节能降耗、节约成本、环保等方面的要求，经过多方考察和技术研究，HG 石化决定在厂区内建设回用水站一座。以厂区内污水处理设施排出的达到《城镇污水处理厂污染物排放标准》一级 A 标准的水作为原水，通过回用水站处理，达到生产水进水标准，作为生产系统的补充用水。

项目投资 5 000 万元，占地 2 008 m^2，在企业原有公用工程区内新建沉淀池、排泥池、超滤产水池等设施，同时购置离心泵、反渗透装置、超滤装置、增压泵等设备，形成 1 000 m^3/h 中水回用处理能力，设计系统产水量 650 m^3/h，年设计操作时间为 8 000 h，操作弹性 40% ～ 110%（图 8-5）。

项目原水经混凝沉淀池和“V”形滤池构建的预处理系统进行传统的混凝、沉淀、过滤等，再采用超滤膜分离技术用于水处理以彻底地去除水中的胶体、细菌、微生物、悬浮物等，最后进入反渗透膜截留大部分有机物和盐分后，生产出可以达到回用水质标准的产品水，全部回用于企业生产水系统，不需要市场销售，浓水则排入原污水处理厂处理。

图 8-5　中水回用装置

项目建成后，每年可节约水费 1 638 万元，每年实现净利润 233 万元，全部投资回收期为 10.40 a，投用后最多可减排污水 520 万 t/a。本项目的建成，直接降低了新鲜水使用量和污水排放量，实现了水资源的循环利用，不仅减少了对本地区的环境污染，而且通过技术革新和强化管理取得了经济效益，达到了经济效益和环境效益的双赢。

（三）风险防范工程

1. 重点污染源在线监测工程

项目投资 2 448.27 万元，主要对重点企业的污水排放口及雨水排放口实施在线监控，对各企业排放口分别监控流量及化学需氧量、氨氮、悬浮物、总磷、总氮等常规因子，完成标准化在线监控站房、在线监测系统和排污口规范化建设等。

在线监控系统由中心端管理平台、企业端刷卡排污总量自动控制装置和数据传输链路三部分组成。中心端管理平台设置在连云港徐圩新区云中心；企业端刷卡排污总量自动控制装置安装在企业排污口，对企业污水排放情况进行监控；两端的数据通过数据传输链路进行双向实时传输。系统整体结构按功能可划分为采集层、网络层和应用层三层，企业端刷卡排污总量自动控制装置主要实现采集层的功能，数据传输链路主要实现网络层的功能，中心端管理平台主要实现应用层的功能。

中心端管理平台采用B/S架构，利用灵活的B/S架构提供污染源监控数据的汇总、展示、分析，同时通过Web发布方式实现现场端监测查询功能，通过权限管理实现企业、污水处理厂、环保管理部门等多级登录管理。系统应用软件具有实时监控、阀门控制、数据报表、总量管理、收费管理、上报下传、系统配置等相关功能。

企业端刷卡排污总量自动控制装置，负责与各在线监测仪、流量计等现场仪表进行数据通信，实时采集监控数据，利用数据采集软件强大的采集功能、良好的开放性、丰富的数据采集接口，将数据采集到监控中心的数据库服务器。企业端总量自动控制装置具有本地存储和断点续传的功能，即当网络中断时，采集的数据可存储在本地，等网络恢复后再自动或手动发送到监控中心数据库。同时企业端总量自动控制装置具备电动阀门控制功能，即在污染物超标、超量时可自动关闭电动阀门，并发出报警信息。

数据传输链路主要负责企业端与监控中心的数据传输和数据交互。数据传输可选用"VPN环保专网+无线网络"相结合的冗余方式，通常通过VPN专网进行数据传输，当VPN专网发生意外故障时，通过无线网络传输数据，确保数据能够实时可靠传输。

每一家企业通过企业端总量自动控制装置对现场流量计、电动阀门、在线监测仪等设备进行数据采集和管理控制，并在本地触摸屏上显示，同时将处理汇总后的数据通过有线和无线两条冗余的通信链路经过网闸隔离后传输给中心端数据库服务器，中心端管理平台进行统一处理后进行综合汇总、分析、展示和管理调度，再将数据下传给企业端或上报上级主管部门。整个系统设计采用 B/S 架构兼顾 C/S 架构的应用模式，用户可通过互联网使用电脑、手机、平板电脑远程登录访问中心端管理平台。

连云港徐圩新区雨污水排放总量监控系统的建设实现废水排放情况、污染治理设施运行状况和污染物排放全过程监控，督促企业治污设施稳定运行、达标排放，及时发现并查处环境违法问题，提升环境监管水平；实时监控所有排污企业的废水排放状况，严格控制企业的废水排放量及废水质量，对污水超量、水质超标等行为进行刚性控制。

2. 重点化工企业 VOCs 治理

为进一步降低细颗粒物（$PM_{2.5}$）、臭氧等污染物浓度，减少异味扰民问题，贯彻落实《关于在全省化工园（集中）区开展泄漏检测与修复（LDAR）工作的通知》（苏环办〔2016〕96 号）、《关于印发〈江苏省化学工业挥发性有机物无组织排放控制技术指南〉的通知》（苏环办〔2016〕95 号）等文件精神，连云港徐圩新区开展泄漏检测与修复（LDAR）工作，全面开展无组织废气排放整治工作。重点在 HG 石化、SEB 石化、RT 仓储三家企业开展 VOCs 泄漏检测与修复评估。

第九章
经济新常态下闯新路——烟台经济技术开发区

烟台经济技术开发区是我国最早的14个国家级沿海经济技术开发区之一。过去的几十年里，烟台经济技术开发区发展的机遇与挑战并存，社会经济获得持续发展，实现了经济实力、改革开放、城市建设、人民生活水平、民主法治建设五大跨越。在发展经济的同时，烟台经济技术开发区十分注重城市生态环境建设，获得了“国家级开发区十强”“中国工业园区环境管理示范园区”“ISO 14000国家示范区”“国家生态工业示范园区”“绿色丝绸之路项目示范工业园区”等众多荣誉称号。

2003年，在烟台经济技术开发区西拓的关键历史节点，管委会编制了《烟台经济技术开发区总体规划（2003—2020年）》，指导了全区发展特别是西区发展，使烟台经济技术开发区基本形成滨海生态产业新城的格局。烟台经济技术开发区自2004年11月被国家环境保护总局列为生态工业示范园区建设试点以来，全力打造新型生态工业发展平台。2005年3月，管委会印发了《〈生态工业园建设规划〉实施方案》，从组织领导、宣传教育、资金筹措等方面提出了具体要求，明确了相关措施，并将规划实施纳入ISO 14001环境管理体系，明确园区建设目标，设计生态产业系统，指导产业结构升级和产品链条的搭建。2010年，环境保护部、商务部、科技部联合发文批准烟台经济技术开发区为国家生态工业示范园区。

一、绿色发展主要做法

（一）完善生态工业链网

1. 正确把握生态工业内涵，科学开展产业补链招商

2017 年，烟台经济技术开发区引进内、外资项目 95 个，总投资 710 亿元，完成实际使用外资 6.26 亿美元、内资 670 亿元，稳居全市第一位。重大项目引进成果丰硕：引进投资 5 000 万美元、5 亿元人民币以上的项目 15 个，主要包括汽车生产基地增资、电动汽车、新能源、轮胎制造、心脏贴片、低重稀土永磁体生产基地、汽车部件、千人专家创业园等项目，其中新能源项目属于世界 500 强项目，目前全区 500 强投资项目累计达到 80 个。新兴产业和现代服务业项目取得新突破，引进新兴产业和现代服务业项目 31 个，总投资 110 亿元，主要包括五星级酒店、医院、融资租赁、医疗器械、生物制品项目等，另有 1 亿元的跨境电商等 10 多个电商项目。园区倾力推动重点项目建设，总投资 1 142 亿元的 60 个续建项目全部复工，184 亿元的 33 个新开工项目启动建设，16 个省市重点项目进展顺利，已完成年度投资计划的 96%。2017 年，园区产值过千亿元企业有 1 家、过百亿元企业有 6 家、过 10 亿元企业有 24 家、过亿元企业有 137 家。

2. 以清洁生产为突破口，促进节能降耗减污增效

2017 年，园区共筛选 13 家企业纳入年度清洁生产审核计划。6 月，印发《关于召开清洁生产审核促进会议的通知》，组织名单中企业参加清洁生产审核会议，部署清洁生产审核工作。对 13 家企业提交的重点污染物排放情况公布表进行审核，并将污染物排放情况在烟台市环境保护局网站进行信息公开，审核工作按照计划有序进行。

3. 广泛开展各项统计调查，实现基础数据的动态升级

一是开展化工企业转型升级评级评价工作。按照“规范一批、整改一批、关停一批”的要求，扎实开展 113 家化工企业转型升级评级评价工作，对综合评级为差的企业，依法予以停产整顿。二是完成年度环境统计调查。根据

环境统计工作要求，结合园区实际，将 76 家企业的重点工业源和 7 家企业的集中式污染治理设施纳入统计。统计内容新增 18 个 VOCs、7 个石油类行业的产排情况，细化废水、废气的污染物产生量和排放量。统计数据显示，大气主要污染物和水主要污染物排放量持续降低。三是完成危险废物规范化管理督查考核工作。按照《危险废物规范化管理指标体系》对区内所有产废企业和经营单位进行评分，并参照《烟台经开区危险废物规范化管理合格率登记表》进行合格率统计。

（二）健全管理体制机制

为进一步推进生态工业示范园区建设，强化各部门环境保护责任和意识，成立以管委主要负责人为主任、各部门主要负责人为成员的环境保护委员会，全面组织协调、检查、推动全区生态文明建设工作；印发各街道办事处及有关部门环境保护工作职责，细化各部门工作分工；坚持"属地管理、分级责任、无缝对接、全面覆盖、责任到人"的原则，在全区建立健全三级网格化环境监管体系；完善环境保护目标责任制考核制度，将各部门履行环境保护责任情况纳入年度考核，从组织和制度层面进一步保障国家生态工业示范园区建设。

二、绿色发展成效与特色

（一）把握经济新常态，综合实力稳步攀升

2018 年，园区实现地区生产总值 1 484.66 亿元，增长 7%；工业主营业务收入 4 147 亿元，增长 4.3%；一般公共预算收入 112.81 亿元，同比增长 9%；固定资产投资 667.51 亿元，增长 9.5%。社会消费品零售总额 161.80 亿元，增长 9.1%；居民人均可支配收入 56 073 元，增长 8.2%。第三产业增加值占地区生产总值比重达到 32.4%，经济结构更加优化。

在社会经济稳步发展的同时，水耗、能耗保持较高水平。2018 年，烟台经济技术开发区人均工业增加值为 36.66 万元 / 人，远高于生态工业示范园区标准值（15 万元 / 人）；单位工业增加值综合能耗 0.27 t/ 万元，比标

准值低 54%；单位工业增加值新鲜水耗为 3.52 m^3/ 万元，比标准值低 56%。工业用水重复利用率为 82.24%；固体废物综合利用率为 91.31%；危险废物处置利用率为 100%。

（二）建设科技创新平台，促进知识产权聚集

以“烟台市现代化经济中心”建设为主线，园区全面实施创新驱动发展战略，以“百家科技企业振兴计划”为抓手，着力构建“政府引导、企业主体、市场推动、人才支撑”的创新体系，健全市场化、多层次支持创新的体制机制，促进科技项目实施与提升企业自主创新能力的有效链接，实现创新型开发区提档升级。

1. 深化科技体制改革，产业链、创新链、资金链互动融合成效显著

一是围绕产业链配套创新链。烟台经济技术开发区以企业为主体发展科技创新体系，促进科技要素向企业聚集，累计拥有市级以上创新平台达到 145 家。支持建成全省首家、规模最大的生物医药研发服务外包平台，年合同金额累计达到 3 000 多万元。引导鼓励企业加入“山东省大型科学仪器设备协作共用网平台”，目前入网单位达到 144 家，共享仪器设备 293 台（套），累计享受山东省创新券补助资金 21 万元。二是围绕产业链和创新链配套资金链，完善科技信贷风险补偿机制，鼓励企业利用“科信贷”方式获得银行贷款，年内获得市“科信贷”1.2 亿元。落实山东省研发费用补贴政策，46 家企业获得企业研究开发财政补助资金 2 516.6 万元。

2. 精心培育创新主体，科技成果与生产力高度融合

继续实施“百家科技企业振兴计划”，引导企业入围省、市“科技型企业大盘”，新增山东省科技型中小微信息库入库企业 37 家，累计达到 109 家；新增烟台市科技型中小企业 33 家，累计达到 147 家。组织实施“小升高”助推计划，17 家高新技术企业获得“小升高”财政补助资金 170 万元，居全市首位。培育创新能力强和拥有自主知识产权的企业，推荐 30 个项目参加中国创新创业大赛和山东省中小微企业创新竞技行动计划。在全区梳理 160 家技术含量高、发展潜力大的中小微科技型企业，实地开展“创新助力

百家行"走访活动，对中型企业，重点指导加强科技攻关和培育形成核心技术优势，强化创新平台和科技人才队伍建设，支持加速成长壮大；对小微企业，重点围绕成长所需的各类创新资源，利用各级政策扎实解决发展成长中的实际困难，打造产业发展"后备军"。园区成立烟台哈尔滨工业大学研究院、北京交通大学烟台研究院；国家"千人计划"专家总数达到41名；首个国家表面材料工程实验室落户园区，国家级创新平台增至18个；省科技型中小微企业和市科技型中小企业总数分别达到110家和147家。

3. 着力加强开放创新和协同创新，凸显科技创新的新优势

烟台经济技术开发区先后派员前往北京、上海、苏州、南京等地考察学习生物医药专业孵化器相关管理经验，筹建国内一流的专业化生物医药创新孵化中心。通过组织开创互联网产业园、业达科技园等5家"孵化器"申报市级或省级科技企业"孵化器"，提升全区孵化载体整体质量。整合各类创新资源，引进和培育2家新型研发机构，针对支柱产业和企业需要的关键技术、核心技术及共性技术，全力推动企业与国内外高等学校和科研院所的紧密合作。聚焦启动"百家科研院所走访行动"，深度走访北京大学、复旦大学、中国农业大学等十余所全国重点大学，推动实现"大走访"工作常态化、层次高端化、联系深入化、合作实效化。

4. 加速推进知识产权特色园区建设，知识产权工作创出新亮点

2017年，烟台经济技术开发区紧盯国家、省、市各级最新政策信息，加速推进"国家知识产权示范园区""国家知识产权质押融资试点园区""国家专利导航产业发展实验区"三大园区建设，知识产权工作创出新亮点。2017年全区申请发明专利685件、授权153件；拥有有效发明专利1 263件，万人有效发明专利拥有量达到40.4件，是全国"十三五"目标的3倍多。累计获得中国专利金奖2项、优秀奖6项、省专利奖9项，位居国家级开发区前列。知识产权质押融资工作取得实效，5家企业获得知识产权质押贷款5 800万元，有效缓解了科技型中小微企业融资难的困境。

（三）发展环保产业，着力打造绿色园区

烟台经济技术开发区强化科技招商，扩大城市矿产和清洁能源基地承载力。引进总投资 40 亿元的 DH 废杂铜、TY 废线路板等 8 个循环经济项目，预计开发建设 19 万 t 废杂铜、10 万 t 废铝、30 t 钪钴再生、2 000 t 废线路板贵金属提取等生产基地，产出规模超过 200 亿元、创税过 22 亿元，壮大了园区绿色产业发展。园区引进投资 30 亿元、注册 3 000 万美元的 QHQD 新能源项目，首期 6.5 MW 并网发电，2017 年已发电 500 万 kW·h，标志着联合国太阳能中心烟台基地正式启动运营。园区设立亚洲首家钪铝合金研究所，并联合打造国内最大的千亿级钪铝合金生产基地；NDI 高铁减震块项目打破 BE、SJ 国际垄断；废线路板提取贵金属项目采用全球顶级无害化处理技术与设备，达到业内最高环保标准和处理效率。

（四）创新治污思路，严格开展环境执法

按照执法专业化、检测社会化的思路，烟台经济技术开发区聘请环评机构 30 多名环保专业人员，配合执法人员开展企业现场检查，有效缓解了人员不足的压力，提高了环境执法效率。针对中央环保督察“回头看”，烟台经济技术开发区提前谋划部署，勤调度，对重点企业采取驻厂监督、加严排放标准、加密监测、约谈有关负责人、建设厂界环境自动监控站等措施，督促企业加快整改，提升污染防治能力，最大限度地消除对周边环境的影响。面对投诉，烟台经济技术开发区高度重视，分批约谈餐饮企业、建设工地、重点企业负责人，把群众感受作为环境质量的标准，第一时间赶赴现场核实处置。对“散乱污”企业、燃煤小锅炉、畜禽养殖、非法采砂、工地扬尘等问题，下发督办单，开展排查整治，有效减少了油烟、噪声、异味等投诉数量。

（五）坚持问题导向，环境质量持续改善

2018 年，烟台经济技术开发区 SO_2、NO_2、$PM_{2.5}$、PM_{10} 四项主要大气污染物指标全面改善，空气质量优良率达到了 84.4%，同比提升了 5.5 个百分点。烟台经济技术开发区水环境质量持续保持稳定，黄金河等市控以上河流达到地表水环境功能区划要求，地下水质量基本稳定，近岸海域水质持续

保持优良。针对开发区工业集聚区 VOCs 排放重点行业企业多等特点，烟台经济技术开发区在全市范围内率先开展了 VOCs 治理工作，督促指导重点企业，陆续建成沸石吸附浓缩转轮、TNV 焚烧、RTO 蓄热式焚烧等一批采用国际、国内先进技术的废气治理项目，合计投入近 4 亿元。2018 年共完成 VOCs 治理项目 12 个，大幅减少了污染物排放量，不仅较好地解决了局部区域的达标扰民问题，也为重大项目落区腾出了环境容量。硬件配备提升方面，烟台经济技术开发区环保部门强化 VOCs 监管，投入资金 942 万元，建成了 VOCs 在线监控中心和 2 处超级站；投入资金 594 万元，建设了 5 处厂界自动在线监控站。

（六）强化宣传引导，提高绿色示范效应

以“六·五环境日”为载体，多层面设计活动，积极做好环境宣传及信息公开工作。社区层面，组织环境友好企业开展环保宣传，展示环境日主题刊板，悬挂环保宣传挂图，播放环保宣传音频，发放雾霾防治手册、新大气法宣传手册 1 000 余本，先后有 4 个社区获得省级、市级“绿色社区”荣誉称号，“保护环境、人人有责”的理念得到推广。学校层面，以“绿色发展”“地球的重负”等为主题，在 12 所中小学开展“青少年环境知识科普课堂—生命之水”教育活动。企业层面，组织区内重点企业参与摄影展，征集到园区内 20 家企业的 282 幅摄影作品参加评选，最终筛选出企业优秀作品 10 幅、个人优秀作品 21 幅，在生态工业网、环保政务微博等媒体平台进行连续展播，有力宣传了企业污染防治工作进展。公众层面，通过开发区“环保在线”栏目宣传生态工业示范园区复查工作，传递绿色发展理念；通过全区“党建频道”宣传机动车管理新规定，做好便民服务工作；在《中国环境报》《山东环境报》、烟台市环境保护局网站、《开发时报》等各级媒体宣传环境保护工作。

三、典型案例

（一）汽车全产业链生态设计

烟台经济技术开发区引进 XD 汽车研发中心（中国）项目，总投资 2.9 亿美元，占地 2 760 亩，涵盖车辆设计、造型设计、碰撞试验在内的单体建筑，以及总长 35 km 的 16 条试车跑道。该中心既是集新能源汽车的整车设计、研发、试制、测试于一体的综合性汽车研究开发中心，也是该品牌汽车集团海外最大的综合性研发中心。目前，试验场跑道工程已基本完工，前期研发工作已经展开。项目全部建成后，常态研发管理人员将超过 2 000 名，每天可测试车辆 200 辆，年营业收入约 50 亿元、利税 11.5 亿元。形成集研发设计、车型测试、成果转让及产业化、服务外包等于一体的研发产业链，打造面向全球、国际领先的汽车综合研发产业基地。同时，园区鼓励 SD 汽车、SG 电装、LD 铝业等传统汽车零部件企业开拓新能源汽车零部件市场，加快形成从关键零部件到整车的完整产业体系、创新体系和产业集群，形成以服务本土企业为主，面向全球的新能源整车及关键零部件研发试验基地。XD 汽车研发中心的落户标志着园区实现了由常规整车生产向新能源汽车综合研发生产的生态化转变。

（二）WH 烟台工业示范园区应急指挥系统

针对园区内 WH 烟台工业示范园区编制了园区突发环境事件综合应急预案，建立了园区内各单位之间、园区与政府部门之间的资源共享、应急联动机制。为确保预案能够有效运行，WH 烟台工业示范园区建立了应急救援指挥系统，系统集成了园区应急物资、人员、设施、信息传递、远程监控指挥、预案管理联动、模拟演练等综合功能。同时在应急救援和防控方面，WH 烟台工业示范园区建设了一座编制 80 人特勤级别的消防站，配置有 11 辆消防战勤车辆，各类应急救援器材 150 余种；装置现场设置围堰和装置级应急水池，园区整体设置消防事故水池和污水处理事故池，实现废水应急的三级防控；对于有毒气体，根据物料性质在关键管线采取夹套管，夹套内充氮气正压保护，在关键部位设置喷淋系统和隔离卷帘门，并现场设置有毒气体在线监控报警，布点监控，与装置安全联锁，并接入园区应急监控中心，实现数据的实时监控，有效降低园区环境风险。

（三）废物资源化利用项目

XGLH 有限公司创立于 2004 年，持有危险废物经营许可证、废弃电器电子产品处理资质等，拥有再生加工废纸、废木材、废塑料、废线路板和废钢铁总能力 50 万 t/a；拆解废弃电器电子产品 300 万台（套）/a；处理废水（废液）62 450 t/a、废油 20 000 t/a、废有机溶剂 4 500 t/a；焚烧处理危险废物 8 589 t/a；填埋处置危险废物 6 万 t/a。

建有国内先进的以焚烧为主的危险废物处置中心、烟台市危险废物安全填埋处置中心、工业废油废液资源化再生利用和处置项目、污泥深度处理工程项目、电子废物资源化利用和无害处置建设项目。近期在建焚烧处置中心改扩建、汽车拆解两个项目；拟建家电拆解扩建项目、电池贮存转运两个项目；集成了 39 大类危险废物和废旧家电、汽车的综合处置利用，是国内一流的静脉产业综合处置企业，是生态工业示范园区产业链条的重要组成部分。

第十章

严把环保关好处多
——天津滨海高新技术产业开发区华苑科技园

天津滨海高新技术产业开发区前身为“天津新技术产业园区”，成立于1988年，1991年3月由国务院批准为首批国家高新技术产业开发区。2009年3月5日，国务院正式批复天津新技术产业园区更名为天津滨海高新技术产业开发区（以下简称天津高新区），原各政策区、辐射区和产业区都统一为“科技园”，包括华苑科技园（原华苑产业区）、滨海科技园、南开科技园、武清科技园、北辰科技园、塘沽科技园六个部分，形成了“一区六园”的特色。

2006年4月，天津高新区管委会委托天津市环境保护科学研究院编写了《天津新技术产业园区华苑产业区国家生态工业示范园区建设规划》，该规划于2008年5月通过环境保护部、科技部、商务部国家生态工业示范园区建设领导小组组织的专家论证，并于2008年8月获得环境保护部正式批准。随后，华苑科技园根据专家论证会通过的建设规划，进一步开展国家生态工业示范园区的创建工作。2012年12月，环境保护部、商务部、科技部联合发布通知，批准天津滨海高新技术产业开发区华苑科技园（以下简称华苑科技园）为“国家生态工业示范园区”。

一、绿色发展主要做法

（一）进一步完善生态产业链条

天津高新区自建区初期，就遵循“发展高科技、实现产业化”的理念，坚持“高新、高质、高端”的产业发展导向，整合国内外各类高端创新要素，充分挖掘龙头企业、总部经济、特色产业发展潜力，以培育生态产业为主线，通过加强平台建设，项目集聚效应不断显现，使天津高新区产业结构不断优化，形成了以新能源产业、软件及高端信息制造业、现代服务业为主体的创新型绿色产业集群。

新能源行业包含新能源电池和新能源光伏两大类产业集群。其中，新能源电池行业聚集了一大批国际国内有影响力的重点龙头企业，形成了电极材料、电池储能技术研发、动力电池生产及终端储能项目部署实施等全产业链条，在动力电池、储能技术、智能电网等领域具备行业领先优势。新能源光伏行业形成了从晶硅光伏到薄膜光伏、聚光光伏组件，从单晶拉制到太阳能电池，从产品研发到安装服务的综合性全光伏产业链。2018 年，园区进一步完善了两条重点产业链。

软件及高端信息制造业作为华苑科技园的支柱产业，是华苑科技园科技活动的重要力量，是现有产业中盈利最多、科研技术人员拥有量最高、研究与开发经费支出比例最高的产业。高新区现代信息技术产业已经打造出高性能计算机、数据库与信息安全、安防物联网、软件服务外包等细分领域优势，TDWY、SGJSJ 等一批具有自主知识产权的信息制造企业为高新区发展注入了新的活力。其中，高端集成电路制造是华苑科技园信息制造业的重要组成部分，技术先进，部分企业已成为国内通信、家电、电气设备制造等领域的主要供应商。2018 年，园区进一步壮大集成电路行业，配合高新区光伏发电上游硅材料的生产，发展起独具特色的硅材料 + 半导体器件 + 新能源产业链，构建园区内不同产业间的生态产业联网。

在互联网行业，园区有致力于“国家数字内容贸易服务平台”的研建及运营工作的 CSYSZ 科技公司，还有云账户结算和报税服务的 YYGX 咨询公司，依托国家网络安全主题，这些细分领域受到权威机构的认可。

园区加快引进和培育技术含量高的“撒手锏项目”、影响带动力强的“产业领军项目”，签约落地 GKLZ、SDMXNY 汽车动力电池回收、ZDGG 等龙头项目 45 个，在谈项目百余个，储备开工 DLXNY、TPTYN 等重点项目 15 个。随着项目的加速聚集，目前高新区已经初步形成了从电池材料、储能装备、整车制造到电机电控系统研发制造的完整电动汽车产业链条，构建起包括智能终端、集成电路、高端软件在内的，完全自主可控信息产业生态和具有较强竞争力的新能源、文化创意、大健康产业集群。

（二）严把项目环保关

园区环境保护局严格把控引进项目的环保关，制定了《入区项目环保准入指南》，优化环境保护审批环节。2018年，华苑科技园完成了对《天津未来科技城入区项目环保准入指南》的修订工作，从产业、环保、土地等方面对未来科技城入区项目提出了严格的标准，以“趋零排放”为目标开展各项建设。园区积极组织开展区域环境风险评估工作，编制了《区域环境风险评估与应急管理报告》。为填补建设项目审批后至项目竣工环保验收之间的监管空白，启动建设项目环境监理工作，督促30余个建设项目落实环评文件及其批复要求，减少批件不符情况发生，并定期组织召开企业环保管理人员培训班。

二、绿色发展成效与特色

（一）资源能源高效利用

1. 土地资源产出率提升

天津高新区华苑科技园以合理布局、优化用地结构为前提，持续开展土地集约利用工作，盘活闲置土地和房产，重新招商，实现了资源的优化配置。园区通过采取提高企业入区门槛、实施入区企业联审制度、提高土地利用强度、积极盘活闲置土地等一系列措施，确保土地资源得到高效利用。华苑科技园由于开发建设较早，区内工业用地面积自2012年已基本开发饱和，达到7.4 km^2，园区工业增加值持续增长，2017年单位工业用地工业增加值为17.3亿元/km^2，是《国家生态工业示范园区标准》（HJ 274—2015）中该项指标值的1.92倍，远优于我国生态工业园区标准要求。

2. 水资源利用率提升

天津高新区华苑科技园在建区之初便把中水利用纳入规划与建设工作，积极与XYL再生水处理厂接洽引入中水。自生态工业园建设以来，园区投资实施中水管网铺设工程、中水接入点工程和中水管道连接工程等一系列具体工程，推进中水替代新鲜水使用。华苑科技园内企业节水意识很强，HOBDT等电子信息行业企业从生产技术革新、设备升级、搭建废水回用工程等多种方式进行水资源的回收和再利用。

2018年，华苑科技园新鲜水资源消耗量为534.98万t，单位工业增加值新鲜水资源消耗量为4.19 m^3/万元，新鲜水耗弹性系数为0.39，单位工业增加值废水产生量为3.33 t/万元。华苑科技园新鲜水耗强度水平和废水产生强度分别优于《国家生态工业示范园区标准》（HJ 274—2015）中相应指标数值的53.4%和58.3%。新鲜水耗弹性系数为0.039，达到标准要求。此外，华苑科技园将区外XYL污水处理厂处理后的中水回用于园区内多家企业，供企业生产和生活使用，提升了水资源多级利用效率，降低了废水排放量。华苑科技园新鲜水资源消耗强度、废水产生量强度均大幅优于国家相关标准要求，水资源利用效率高。

3. 固体废物资源回用率提升

华苑科技园向企业宣传绿色生产、绿色包装理念，鼓励企业改进产品设计，提高产品和包装的回收利用率。坚持鼓励企业对生产过程中的固体废物分类收集、综合利用，厂内不能利用的，也通过物资回收部门实现最大限度再利用。2018年，华苑科技园单位工业增加值固体废物产生量为0.017 t/万元，优于《国家生态工业示范园区标准》（HJ 274—2015）指标值89%。园区工业固体废物综合利用水平较高，达到91.2%。

4. 能源利用率提升

近几年，华苑科技园将低碳发展作为生态工业园建设的重点，并为此开展了大量工作，主要包括取缔燃煤锅炉、优化能源结构；加快高新产业发展、产业结构优化调整；积极改进生产工艺、开展低碳改造工程；鼓励企业产品与技术创新、发挥低碳技术辐射带动效应。目前，园区已实现燃煤锅炉清零，均改为天然气锅炉。

2018年，华苑科技园能源综合能耗量为10.58万t，单位工业增加值综合能耗为 0.083 t 标准煤 / 万元，综合能耗强度指标仅为《国家生态工业示范园区标准》（HJ 274—2015）指标值的 16.6%，远优于国家生态工业园区标准要求。综合能耗弹性系数为 −0.011，优于标准要求。园区能源结构持续优化，能耗强度处于较优水平，已经实现能耗总量负增长。

（二）环境管理能力进一步提升

华苑科技园管委会下设独立的城市管理和环境保护局（以下简称城环局），负责高新区的环境保护工作，环境保护相关规划编制工作，园区环境保护、环境卫生行政管理和监督工作，绿化园林等相关行政管理和监督实施工作，以及有关国家生态工业示范园区建设工作，园区环境管理完善度达到 100%。园区重点企业清洁生产审核实施率达到 100%。

1. 进一步规范高新区环境管理

为加强高新区生态文明建设，强化生态系统保护，坚决打好污染防治攻坚战，结合高新区实际情况，城环局严格执行《天津高新区环保准入指南》，全面启动《天津高新区环境管理规范与提升三年行动计划》。为完善环境风险应急工作，高新区组织修订了《天津滨海高新技术产业开发区突发环境事件应急预案》，扎实推进了环境事件应急管理。

2. 做好企业环评和环保监察工作

2018 年，园区引入环境监理等第三方环境服务公司。环境监理公司已对 KFDQ 等 54 个建设项目进行现场核查，共发现 70 余项问题，均提出整改建议，并建立动态监理档案。全力加快低氮改造项目进程，开展辐射安全检查，深入推进废气违规排放企业突击整治活动，对发现的 17 家涉及环保手续不全、大气污染防治设施不完善等环境违法行为的企业进行集中整治，取得了显著成效。并对餐饮油烟问题进行全面整治，加强对工业企业 VOCs 无组织排放的环境监管，针对辖区内企业挥发性有机物污染防治设施安装及运行情况进行了全面摸底排查。

三、典型案例

（一）园区建设环保先行

华苑科技园将环境友好型园区建设作为一项重点工作常抓不懈。在规划、建设、招商、运行管理等各个方面工作中坚持环保先行，使高新区在经济发展的同时，保持了优美良好的环境。在顶层设计方面，园区认真落实生态工业园区规划，把创建国家生态工业示范园区纳入中心工作。成立了由管委会主任挂帅的生态工业示范园区建设领导小组，高新区主要领导定期组织召开工作推动会，多次到现场调研、督促、检查，并将国家生态工业示范园区创建工作内容列为管委会各级领导干部的绩效考核指标，为创建工作提供了坚实的组织保障。此外，园区积极编制环境保护五年专项规划，制定环境保护重点任务和重点工程，保障环境质量不断改善。

建设十余年来，园区不断加强环境基础设施投入，持续推进生态工业园重点工程建设，先后开展建筑节能改造、垃圾再生系统、水资源再生回用、信息平台建设等各项工程，促进高新区大气环境质量不断优化，区域环境噪声、交通噪声均达到了国家标准。建成区绿化覆盖率达到38%，打造了清风、净水、绿地、蓝天的优质生态环境，成为生态宜居的科技新城。

在项目引入环节，规范土地联审制度，强化项目环评、“三同时”环境管理。园区坚持引进技术先进、能耗低、污染少的项目，拒绝技术落后、能耗高、污染严重的项目入区，并对规划主导产业给予政策、财政上的支持，逐步形成以绿色能源、信息产业、先进制造、生物工程与现代医药、现代服务业为支柱的生态产业体系。

（二）节水低碳特征明显

华苑科技园在发展中始终把节能减排、资源合理利用置于战略高度，大力推进中水利用，实施多项工程，促进中水替代新鲜水，水资源也得到集约高效使用。园区克服区内无污水处理厂的困难，积极与周边XYL再生水厂合作，将再生水厂的中水引入园区。随着中水管网铺设工程、企业中水接入点工程和中水管道连接工程等具体工程实施完工，环外区已全部实现中水到户、接入到点，年中水替代新鲜水量近百万吨，水资源的高效利用成了园区的亮点。优化能源结构方面，建设无燃煤区，推广大量可再生能源利用工程。通过调整产业结构，招商过程严格控制高能耗企业入区，使得园区内企业多占据产业链高端，能耗强度整体处于天津地区领先水平。通过发挥节能技术服务和节能产品强大的辐射作用，为天津市及全国各地提供了可靠的环保技术服务支撑和产品供应。以 HTHB“废轮胎胶粉改性沥青”技术为例，已成功在天津市、云南省、江西省、河北省、安徽省、内蒙古自治区、吉林省等地铺设公路数千公里，年减少碳排放 10 500 t，生态效益和社会效益可观。

第十一章
创新发展谋新篇——合肥高新技术产业开发区

合肥高新技术产业开发区是1991年国务院首批设立的国家级高新技术产业开发区，面积为128 km^2，位于合肥市西部，常住人口30余万人，是合芜蚌自主创新综合试验区核心区和合肥市“141城市空间发展战略”西部组团的核心区域，先后获得“国家首批双创示范基地”“国家自主创新示范区”“国家创新型科技园区”“国家知识产权示范园区”“全国首家综合性安全产业示范园区”“全国模范劳动关系和谐工业园区”等多项国家级荣誉。2010年9月，合肥高新技术产业开发区正式创建“国家生态工业示范园区”（环发〔2010〕117号），2014年9月获得“国家生态工业示范园区”命名（环发〔2014〕145号），成为我国中西部首批、安徽省首个国家生态工业示范园区。

作为中西部首家国家生态工业示范园区，合肥高新技术产业开发区一直致力于打造成为全市乃至全省生态文明建设标杆区和环境管理创新示范区。园区以生态环境质量提升为导向，围绕“助推产业结构升级改造，改善环境质量，保障环境安全”的工作目标，坚持“宣传、服务、执法”的工作思路，开展绿色创建工作，让绿色发展理念厚植全民心中，实现了经济发展与环境质量双提升，成为推进生态文明、建设“美丽合肥”的倡导者、引领者、实践者。

一、绿色发展主要做法

（一）坚持创新产业发展，加速优化产业结构

合肥高新技术产业开发区坚持以“创新、转型、升级”为主线，一方面

以提高质量和效益为中心，深入推进创新驱动，不断发展新型产业组织，积极培育新兴业态，大力发展战略性新兴产业；另一方面，通过源头把控，全面摸排产能过剩行业，淘汰落后产能和搬迁重污染企业，实现产业结构不断优化，工业经济突破发展，新兴业态持续涌现，形成了富有活力、多元支撑的产业体系。

依托智能语音、集成电路、生物医药三大省级战略性新兴产业集聚发展基地，合肥高新技术产业开发区不断加大战略性新兴产业投入，在光伏新能源、电子信息、生物医药、智能制造等产业领域多点开花，确立了明显优势，形成工业经济新增长极。2019 年，战略性新兴产业产值近千亿元，对工业增长的贡献率近 50%。以 YGDY、TWTYN、JATYN 为代表的光伏新能源产业，以 KDXF、SCDZ 为代表的电子信息产业，以及以 AKSW、LFZY 为代表的生物医药产业发展势头强劲。其中，新一代信息技术实现 30% 以上的爆发式增长，有力地支撑了合肥高新技术产业开发区乃至合肥市战略性新兴产业的快速增长。

（二）加大奖励、激励投入，践行管理创新模式

合肥高新技术产业开发区率先在安徽省针对重点企业清洁生产审核工作制定鼓励和引导政策，对积极开展清洁生产审核、组织实施清洁生产技术改造、达到一定节能减排效益并通过认定的企业，给予每家一次性 10 万元的“清洁生产审核奖”奖励。

合肥高新技术产业开发区率先在安徽省开设环保学校，推行环境污染责任保险；创新采取政府购买服务辅助环境执法模式，激励社会资本参与环境保护的市场机制；向科技创新要手段，智慧环保已投入近 2 000 万元，打造“环保天网工程”，提高环境管理效率。

合肥高新技术产业开发区印发《扶持产业发展“2+2”政策体系的通知》，政策体系具体涉及促进产业转型发展、鼓励自主创新、促进新兴产业发展、鼓励高层次人才创新创业、加强科技金融服务、促进经济发展等方面。依托该政策体系，合肥高新技术产业开发区首设“环保鼓励奖”和“环保技改奖”，

设定了总投资额10%，总额不超过100万元的奖励标准，有效激励企业加大环保投入、提升绿色生产方式。

（三）锤炼建设环保队伍，促成各方宣教合力

合肥高新技术产业开发区生态环境分局成立十余年来，始终注重加强环保队伍建设。目前，生态环境分局内设综合处、环境管理处、环境监察大队、社区环保办4家机构。在提升业务水平方面，生态环境分局坚持每周学习制度，通过局长读报、典型案例讨论、现场执法大比武等活动，打造了一支信念坚定、铁腕治污、勇于担当、业务过硬的环保队伍。2018年，生态环境分局被人力资源和社会保障部、生态环境部授予"全国环境保护系统先进集体"荣誉称号。

合肥高新技术产业开发区管委会不定期邀请国内外著名环保专家为园区干部、群众及企业负责人开展生态文明专题讲座，每年为管委会、领导、社区、学校和企业订阅《中国环境报》，开展各类绿色创建活动，多举措"绿化大脑"，壮大全民"环保战士"队伍，让环境保护理念厚植全民心中。园区建立"信用环保"体系，变简单执法为服务提升，2017年有7家省控企业和16家市控重点企业被评为"环保诚信企业"，3家市控重点企业被评为"环保良好企业"。

借助每年"六·五环境日"的宣传契机，合肥高新技术产业开发区生态环境分局在园区企业、学校、社区、政府机关等开展讲故事、绘画、跳蚤市场、主题演讲、科普讲座、倡议签名等形式多样的环保宣传系列活动，推动公众参与，让绿色发展理念厚植全民心中，进一步提高公众对环境问题的认识和环境保护的能力，增强环境意识和守法意识；通过组织面向机关、企业的环保学校等系列培训，进一步提升服务质量和水平；通过开展环保相关活动，推动合肥高新技术产业开发区环保产业发展。目前，合肥高新技术产业开发区共有绿色学校9所，并通过"环保学校"累计向21名环保主管发放了毕业合格证。

二、绿色发展成效与特色

（一）创新发展，制度政策生态化

1. 壮大节能环保产业，推进资源全面节约

党的十九大报告和2018年5月召开的全国生态环境保护大会均提到“壮大节能环保产业、清洁生产产业、清洁能源产业，推进资源全面节约和循环利用”。节能环保产业是安徽省加快培育和发展的八个战略性新兴产业之一。合肥高新技术产业开发区节能环保产业发展一直处于全市前列，被《合肥市节能环保产业发展规划（2014—2020年）》列为全市发展节能环保产业的核心区和示范区，从项目布局、土地指标、税收减免等方面给予政策倾斜。2015年6月，“合肥环保产业园”在合肥高新技术产业开发区挂牌成立。根据《合肥高新技术产业开发区环保产业园（启动区）管理办法》，环保产业园（启动区）设在合肥高新技术产业开发区创新产业园，重点引进环境咨询服务、环境工程设计、环保科技型企业。截至2017年年末，启动区已入驻节能环保类企业30家，注册资金7.5亿元，建筑面积2.56万 m^2，有意向入园在谈企业17家。高新区现有节能环保企业70余家，涵盖环保工程、环境治理、环境咨询服务、环保设备制造、资源综合利用等多个行业。2015年产值合计24.4亿元，2016年产值约35亿元，2017年产值突破50亿元。拥有以GZHB为龙头的环保上市企业和以LFKJ、ZLZK、DBKJ、WHHJ等为代表的高新技术型环保企业，涵盖环境治理、设备制造、环境投资、环境咨询服务等产业链各环节，多家知名环保企业在国内污染治理、资源综合利用等领域拥有领先技术。

2. 落实规划环评制度，联动把关项目入园

2008年以来，合肥高新技术产业开发区严格落实规划环评对项目的刚性约束，实现已开发区域规划环评全覆盖，先后委托技术单位编制了4本规划环评报告书（图11-1），切实把园区规划环评结论和审查意见作为项目入驻、落地的先决条件，优先接收《规划环评》鼓励发展的行业，坚决杜绝引进《规划环评》禁止发展的产业，对不符合园区准入要求的项目不予审批。

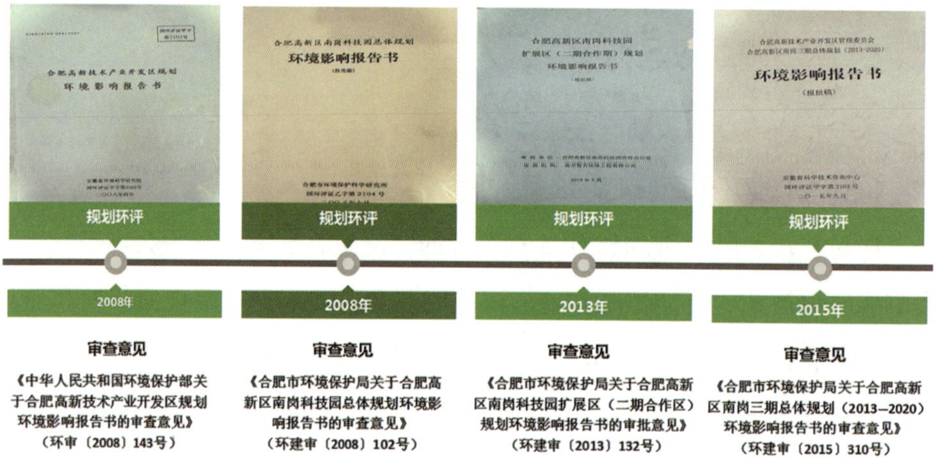

图 11-1　2008 年以来合肥高新技术产业开发区规划环评报告书编写情况

合肥高新技术产业开发区在审批项目环评文件前，分析项目涉及的规划及其环评情况，重点对照《规划环评》结论及审查意见对项目环评文件进行审批。为强化环评文本质量把关，生态环境分局充分利用中国环境科学研究院、合肥生态环境产业园、高等院校等优质平台，建立了“环保智库”，充分论证环评文本中各项技术问题。园区创新通过政府购买服务委托第三方监理公司开展违法违规项目清查工作，为管理部门事中、事后监管提供重要线索和依据。

在项目入园的招商、选址等工作中，合肥高新技术产业开发区生态环境分局与招商、经贸、规划等部门形成联动机制，将审批“关口”延伸到信息收集、考察洽谈阶段，主动参与筛选、提前介入项目分析、跟踪调研招商和项目建设工作，对不符合国家产业政策或重污染难治理的招商信息和洽谈项目控制在“萌芽状态”，实现招商引资与环境保护的“双赢”；通过土地并联会、规划业务会，对项目选址进行把关，加强对环境敏感点的保护，提升区内居民幸福感，从源头降低“邻避效应”带来的社会稳定风险。

3. 污染治理动态分析，构建过程监控系统

合肥高新技术产业开发区长期思考如何在管理中体现科技创新。推进智慧环保建设，已投入 2 000 万元，分批建设“互联网 +”生态环境保护

应用系统，逐步实现污染源和生态环境全时监控，如启动合肥高新技术产业开发区工业“三废”智能监控系统、区域空气质量监测站、空气质量监测微观站等建设工作，实现环境管理信息化，运用科技手段解决环境监察力量薄弱的问题。

2017年，园区启动“合肥高新技术产业开发区治理设施过程监控项目”，通过对所在区域企业进行全过程监控系统建设，更好地进行区域内环境管理工作。污染源过程监控系统可对企业污染源产生、污染治理过程、污染排放等在线数据进行监测、采集。通过建立相关模型，实现污染治理设施运行状态分析、排放数据真实性判定，同时可将信息实时传输到主管部门的污染源中心端过程监控系统，帮助高新区环境监管部门掌握各企业治理设施的运行状况，判断是否正常运行。

目前，合肥高新技术产业开发区已经选取HT有限公司、GLDQ有限公司、MDXYJ有限公司等企业为试点，通过明确各企业环保概况、环保设备负荷监测布点、工艺流程、检测仪位置设计、主要设备清单和费用制订建设方案。未来将推广到所有有污染防治设施的企业，具体工作正在招标阶段。

污染源排放过程（工况）监控系统包括信息看板、实施工况看板、工况报警看板、数据中心看板、系统管理看板和工况报备等组成部门，可以远程实现对企业污染源运行治理、达标排放、节能减排等信息综合监控；溯源治理过程异常问题，提出异常处置意见，指导企业污染排放过程的达标正常运行；运用污染源过程监控系统中相关业务工作的申报内容，更好地服务于企业；为排污收费、总量核定、排污权交易及其他关联部门的应用提供依据。

4. 拓宽环境执法思路，履行风险防控职责

合肥高新技术产业开发区生态环境分局执法大队紧紧围绕省、市环境监察执法工作要点，结合合肥高新技术产业开发区与生态环境分局工作实际，以服务经济发展、改善环境质量、确保环境安全为主线，坚持宣传、服务、执法相结合理念，开展各项环境监察执法工作。

合肥高新技术产业开发区编制了《合肥高新技术产业开发区工业污染源

全面达标排放计划实施方案》，并按园区企业行业特征分步推进实施，有针对性地开展了涉化工、地热利用、工业堆场、地条钢等相关行业的排查整治行动。环境隐患排查及联动检测工作涵盖了辖区各类重点企业 20 家，共发现环境隐患问题 49 处，按完善备案与限期整改分类完成整改。

2017 年，在中央环保督察和安徽省环保督察期间，涉及合肥高新技术产业开发区的转办信访件分别为 51 件和 14 件（不计重复投诉），环境执法人员在生态环境分局统一部署下逐一现场核实，切实解决了群众反映强烈、社会影响面广的环境隐患问题。为加强日常监管，合肥高新技术产业开发区创新性地采取政府购买服务方式，委托技术单位开展园区重点排污单位环境风险识别工作，建立“风险防控清单”，做到风险底数清，防控措施准。

（二）绿色发展，人居环境生态化

1. 开展环境综合整治，实现天蓝、水清、地绿

坚持“人与自然和谐共生”是新时代中国特色社会主义基本方略的重要内容，“满目山湖绿意浓”是合肥高新技术产业开发区致力于生态文明建设的缩影。

（1）全面落实水污染防治，做活“水文章”

合肥高新技术产业开发区精心打造源头活水，深入推进环巢湖生态治理精品工程，其中 SFW 南湖整治摘得“中国人居环境范例奖”。此前每年 5 月、6 月，集中暴发的蓝藻将蜀峰湾整片水域完全覆盖，使湖水污水浑浊，气味难闻，蜀峰湾成为远近闻名的黑臭水体。2013 年，合肥市在全市范围内推行“河长制”，按属地管理原则逐级抓落实，市、县（区）、乡镇街道党委“一把手”担任各级“河长”，作为第一责任人承担起全市所有河流湖泊的综合管治取得明显效果。2016 年 12 月，《人民日报》以《水清河晏还复来》为题，对合肥高新技术产业开发区“河长制”工作给予了高度肯定，公众的获得感持续提升。2017 年，园区三个市级考核断面水质持续改善，其中斑鸠堰河、岳小河提前达到合肥市 2020 年阶段性目标考核要求。

（2）突出抓好大气污染防治，做优“气文章”

近年来，合肥高新技术产业开发区委托科研单位编制园区年度空气质量改善程度分析报告，科学施策。通过新媒体手段建立“碧水蓝天”微信平台实时发布空气质量数据和预警信息。针对产城融合中的“邻避”难题，合肥高新技术产业开发区强化政策引导支持，推进实施 VOCs 整治项目，做到“国标”与“民标”统一。自 2014 年大气污染防治工作开展以来，合肥高新技术产业开发区国控子站 PM_{10} 数据累计改善 30%，连续在全市考核中被评为“优秀”等次。

（3）扎实开展土壤污染防治，做实“土文章”

合肥高新技术产业开发区开展土壤环境现状调查，与重点企业签订《土壤污染防治责任书》，并编制、落实《合肥高新技术产业开发区土壤污染防治工作方案》。同时，合肥高新技术产业开发区高度重视生态修复工作，成立合肥高新技术产业开发区绿化办，2017 年合肥高新技术产业开发区新增提升绿化面积 128.42 万 m^2，逐步构建森林生态网络。

2. 融合自然生态系统，提升人居环境质量

为推进合肥高新技术产业开发区可持续发展，提升综合实力，助力打造生态合肥、宜居合肥，合肥高新技术产业开发区在“绿肺”DS 山西侧，放弃了约 5 000 亩可用于产业开发的地块功能，投资 1.67 亿元建成国家森林公园，践行了自然生态系统建设与产业发展的相互融合，充分体现“发展经济不以牺牲环境为代价”的发展理念。2017 年，合肥高新技术产业开发区绿化覆盖率达到 49.77%，且近三年持续增加。同时，合肥高新区对 BY 湖、WZ 湖开展生态治理修复工程，逐步完善“一山、两湖”生态系统。

（三）共享发展，产业体系生态化

通过开展国家生态工业示范园区建设，合肥高新技术产业开发区积极打造企业内和企业间生态工业链条，现已形成以 DLMPLT 有限公司为首的 10 条生态工业链，在节水、节能和污染减排方面取得良好的效益。如 DLMPLT 有限公司年节约用水 12 000 t、HFJYC 年中水回用 8 000 t、FLXL 年回收薄荷油 1 500 kg、HFHS 年节约天然气使用费约 277 万元、GLDQ 有限公司年削减非甲烷总烃排放 5.8 t 等。合肥高新技术产业开发区积极探索了以高新技术产业为主的工业园区开展企业内及企业间生态工业链条构建模式，对同类型园区开展国家生态工业示范园区创建具有良好的示范意义。

三、典型案例

（一）污泥焚烧，助力热电联产

污泥焚烧技术是将循环流化床锅炉改造后用于掺烧污泥，以原煤为主要燃料、污泥为辅助燃料，将城市污泥资源化利用的技术。合肥高新技术产业开发区的 TYRD 有限公司是一家热电联产企业，主要向合肥高新技术产业开发区、合肥市西区企事业单位、居民热用户集中供热并向华东电网输送电力。为解决合肥市的污水处理厂污泥处置问题，安徽省首家城市污泥焚烧项目在 TYRD 建成投入运行，污水处理厂的污泥经脱水后储存，最终输送至热电厂综合利用。该项目分两期实施，一期项目总投资 950 万元，日焚烧污泥量 120 t，二期项目总投资 896 万元，日焚烧污泥量 240 t，年焚烧污泥量可达 85 000 t。

污泥焚烧项目投入运行后，有效缓解了合肥城市污泥处理压力，并实现了城市污泥无害化处置与资源化利用，为合肥市营造一个良好的生态环境和投资环境，促进了经济、生态的和谐发展。

（二）高温烟气，开展余热回收

HSXXCL 有限公司有 2 套废气治理焚烧炉，焚烧燃料为天然气和车间内产生的废气，外排烟气温度高达近 250℃，高温烟气直排导致大量热能浪费。为此，公司购置高效换热器，将高温烟气通入高效换热器，将热能供给常温空气加热后再利用，将烟气管道排出温度降至 140℃，有效地实现热能回收。具体改造工艺由一级新风换热器、二级新风换热器、新风风机、余热锅炉和排烟风机等组成，350 ～ 450℃的原始高温烟气首先进入新风换热器，换热后烟气温度降至 250℃左右，同时新风被加热到 230℃左右，用于固化炉区、热风幕系统、化涂炉和热风吹扫装置的供热。230℃的烟气用于前处理水箱的供热，最后 140℃左右的烟气通过排烟风机（新增）排到车间外部。热能回收装备改造完成后，公司天然气用量明显下降，每吨产品减少天然气消耗 7 m^3，年可节省天然气使用费约 277 万元，改造效果显著。

（三）多方沟通，解决“邻避”问题

“邻避效应”是众多产城融合工业示范园区发展的衍生物，并随着城市化发展的加快而日益凸显。为有效解决“邻避”问题引发的重复性投诉，合肥高新技术产业开发区生态环境分局既当好“执法员”“宣传员”，更当好“调解员”“服务员”，通过“环保管家”援助守法和资金引导激励等方式，督促企业践行社会责任，最大限度地减少污染的排放和影响。创新建立“圆桌会议”模式，指导企业落实“企业开放日”，争取企业和居民互相理解，协调妥善解决群众合法合理诉求，为企业生产创造良好的社会环境。在回应民众诉求过程中，合肥高新技术产业开发区以发展理念引导和规范企业履行环境主体责任，督促企业遵守环保法律法规、构建企业环境文化、建立企业生态文明考核指标体系和责任报告制度、自觉接受公众监督。此外，合肥高新技术产业开发区管委会从技术层面开展调研，运用雷达车以数字化手段客观解决“邻避”问题。

（四）示范试点，推进循环化改造

自 2014 年起，合肥高新技术产业开发区每年积极开展国家级循环化改造示范试点项目申报。2016 年获省级循环化改造示范试点，围绕关键补链项目（光伏产业补链项目、家电产业链补链项目、汽车产业补链项目）和公共服务设施建设项目（废水处理及水资源综合利用类、能源综合利用类、固体废物资源综合利用类、基础设施建设类），共规划实施 13 个重点支撑项目，计划总投资 72.5 亿元。

（五）集中供热，实行超低排放

合肥高新技术产业开发区集中供热规划严格落实相关要求。合肥高新技术产业开发区内已建成两座热电厂（分别为 XNRD 和 TYRD），其中

TYRD 装机容量为 4×75 t/h 中温中压循环流化床锅炉 + 2×6 MW 背压式汽轮发电机组，配套建设布袋除尘设施、石灰石脱硫、SNCR 脱硝设施，并已安装废气在线监控装置。XNRD 一期 A 标段装机容量为 2×75 t/h 高温高压循环流化床锅炉和 2×9 MW 抽背式汽轮发电机组，配套建设高频电源电带除尘设施、石灰石—石膏湿法脱硫、低氮燃烧技术 + SCR 法脱硝设施，并已安装废气在线监控装置。

（六）联盟发展，创新服务模式

2017 年 7 月，合肥高新技术产业开发区成立环保技术服务联盟，这是由合肥高新技术产业开发区节能环保产业办公室倡议，WWHBKJZX 有限公司发起，省内外十余家环境技术咨询服务公司、环保工程公司、环境监测公司、环保科研机构等环保服务公司参与组成的综合性环境技术服务联合体，属非营利性环境技术服务活动的社会组织。联盟通过整合多元化环境技术服务资源，打造便利、实用的环境技术服务平台，为企业、政府和社会等提供系统化的环保咨询、技术、工程等方面的服务。环保技术服务联盟自成立以来，针对群众关切的环保问题、企业关注的环保政策和污染防治技术，举办了多场讲座和培训，并配合高新技术产业开发区管委会，在园区开展了企业环保信息采集、环境风险排查和专项环保检查等工作，将发现的问题及时反馈给主管部门，为园区生态环境行政管理部门掌握园区环境管理状况和了解园区企业遇到的环境管理问题提供了第一手资料，在政府、企业、环保技术服务机构之间搭起和构建了一个沟通的桥梁和平台。

Part 3
国际合作篇

第十二章
越南

一、节能环保及生态工业政策法规

（一）法律法规

自 2007 年以来，越南已颁布了若干项法律，为大多数领域的环境保护和社会责任制定了法律框架。随着这些法律的出台，保护环境的责任成了大多数领域（包括企业）的强制要求。

2014 年修订的《环境保护法》（LEP）被视为是有关环境问题提供综合基础的最高法律框架，企业在经营过程中必须认真考虑。凡是污染环境、贫化自然资源和破坏生物多样性的组织和个人，都将面临严格的执法，并需对其所造成的损害进行补救和赔偿。改善和加强工业领域的环保性能、生态标志和认证、可持续采购和绿色生活方式，是 LEP 中考虑的关键问题。该法律还强调了相关政府组织在控制和强制所有领域遵照既定法规行事方面的作用。这些强制执行的政策对企业在环境保护方面的责任产生了相当大的影响。

2013 年修订的《科技法》（LST）旨在促进技术转让、知识产权、产品研发、科学技术咨询、进口高新技术和设备。特别是 LST 促进创新、发明、技术改进、生产合理化和新技术的应用，鼓励组织和个人创立提供科学技术服务的实体，并建立技术转让、技术交流和技术设备市场促进与援助中心。现已建立了一系列相关机构，包括国家科学技术政策委员会（直接向总理提供有关国家科技发展政策的建议）、国家技术创新局（2007 年）、越南科学技术评估中心（2006 年）和国家技术创业和商业化局（2011 年）。此外，还通过引入一些新的公共支持机制，包括国家科学技术发展基金（2008 年）

和国家技术创新基金（2011 年），以改进科学技术的公共管理和促进融资。该项法律还规定了政府、科技部和其他部委（初级产业部、财政部、内政部）和省人民委员会在执法中的责任。

《能源节约与效率法（2010）》（LESE）规定了关于能源节约与能源效率的法规。该项法律特别指出：①财政支持；②投资增加和资源动员多样化；③可再生能源开发；④鼓励采用节能手段和设备；⑤实施能源标识路线图；⑥逐步淘汰过时的低效技术手段和设备；⑦鼓励咨询服务和适当投资于对组织、家庭和个人的沟通、培训和支持；⑧按照有关纳税的法律法规为进出口关税、企业所得税提供优惠支持；按照现行法律法规为土地使用提供优惠支持；金融机构的优惠利率；减少和免除进出口关税。

《能源的经济与有效使用法》颁布近 5 年后的一些里程碑事件如下：

① 2014 年，越南总理发布了第 1535 / QD-TTg 号决议，宣布了被确认为 2013 年主要能源用户的 1 725 家企业名单。

②到 2014 年年底，工业与贸易部批准了 14 组目标产品中的 7 289 个产品可以贴上能源标签。

③据估计，到 2015 年，最低节能率将达到 7.1%。根据预测，2015 年的省电量将达到 494 万 t 油当量，价值 1180 亿越南盾（Tan，2015）。

（二）政策战略

越南政府针对发展中遇到的环境问题制定了若干国家战略，显示出针对不同的可持续发展任务采取的措施。这些战略都侧重以下领域：环境保护、清洁生产、技术创新、能源使用与能源效率（包括可再生能源）以及最近的绿色增长方面。目前出台的相关环境战略和规划包括《国家 21 世纪议程》《2010—2020 年国家环境保护行动计划》、国家各行业清洁生产行动计划和战略规划等。

1. 环境保护

国家环境保护战略（NSEP）是一项最重要的国家战略，通过促进清洁能源产品、可再生能源产品、环保产品或天然材料的替代性环保产品、环境友好型技术和环保产业产品的生产与供应，生物技术在环境保护中的应用、废物处理和回收利用研发方面的投资，来实现企业的环保责任目标。环保技术的比例占总产品的25%以上。此外，越南政府还将重点放在了废物处理及环保技术的转让、专利的申请、最小化温室效应的技术应用上。特别是通过废物处置而产生能源的企业，有权在基础设施、资金提供、进出口税、产品促销以及关于固体废物转废为能项目的支持机制的第31/2014 / QD-TTg号决议中规定的价格和产品消费补助方面，获得支持和优惠。

可以说，NSEP的发布使得企业迫切需要进行技术、资源节约和有效利用方面的业务创新。NSEP力推建立环境保护基金（EPF），以支持企业进行生态化技术创新。此外，还将技术和财政援助纳入了NSEP中的各个计划和项目中，以便为企业提供相应的支持。

2. 清洁生产

2009年发布的《国家清洁生产战略》（NSCP）为一系列项目和计划提供了相应的支持，在改善企业清洁生产现状的同时，也提高了各个行业对清洁生产的意识。无论是从清洁生产模型在越南大多数行业的反响，还是财政和技术援助方面政府支持的力度都能看出，NSCP是企业实施清洁生产项目的一项成功战略。

3. 技术创新

2011年发布的《2011—2020年国家科技发展战略》，侧重发展清洁能源技术、可再生能源技术、清洁技术、气候变化和创新技术、工业方面的环保技术、环保材料和节能。旨在使对科学和技术的社会投资占GDP的2%以上，使2016—2020年的技术创新增长率提高到20%，使创新产品及服务占企业产品的20%以上，使技术市场上的交易价值增长15%～17%，使知识产权专利注册量比2011—2015年的注册量增长2倍，使研究人数达到11～12人/万人口。

4. 能源使用与能源效率

2007年发布的《2020—2050年国家能源发展战略》，侧重有效利用国内能源资源，刺激新能源和可再生能源发展，刺激能源行业以及环境保护的可持续发展。2012 年，越南的终端能源消耗总量为 1 400 万 t 油当量，其中各个行业所占的比例如下：居住区（33%）、交通（24%）、服务业（3%）、工业（39%）和农业（1%）（亚洲开发银行，2015）。2012 年，越南的人均能源使用量为 674.78 kg 油当量，而柬埔寨的人均能源使用量为 389.71 kg 油当量，缅甸为 297.09 kg 油当量（世界银行，2016）。

在企业方面，鼓励节约和高效利用能源，确定对能源密集型产业的具体节能要求，促进节能技术和设备的应用。优先通过发展援助基金、官方发展援助（ODA）基金和外国为能源项目提供的双边贷款，提供信贷激励措施。如 2014—2020 年越南多年指示性计划中所述，欧盟承诺，将在 2016年实现价值 1.31 亿欧元的可再生能源和能源效率份额，并在 2019 年实现价值 1.25 亿欧元的可再生能源和能源效率份额（欧盟，2014）。自 1995 年以来，世界银行及其他国际机构一直在支持越南政府实施与能源效率和节约领域有关的各种计划和项目，例如：

①由世界银行、瑞典国际发展合作署和全球环境基金会资助的越南需求侧管理和能源效率（DSM）项目——一期和二期（2000—2007 年）；

②由联合国开发计划署资助的促进中小型企业的能源效率（PESME）项目（2006—2010 年）；

③由联合国开发计划署和全球环境基金会（亚太经济合作组织能源工作组）资助的越南节能公共照明（VEEPL）项目（2006—2010 年）。

过去几年的支持不仅包括金融"一揽子"交易，而且包括向实施项目的地方机构和顾问提供各种技术援助。

5. 绿色增长

2012 年发布的《国家绿色增长战略》（NSGG）和 2014 年发布的《国家绿色增长行动计划》（NAPGG）一直在通过具体的措施和标准，为可持续生产、先进技术、市场、能源、环境保护、绿色标签和绿色采购、可持续农业、资源效率、废物管理、可持续服务、环境友好型生活方式和可持续消费等方面提供全面的战略观和支持背景，以实现清洁生产战略。NSGG和NAPGG已经在所有领域（工业、农业、运输和建筑）中实现了可持续性的经济重组和机构能力建设。NSGG中描述了大量目标，例如，到2020年，与2010年相比，要将温室气体排放量减少到8%～10%，将能源消耗/GDP减少1%～1.5%，通过促进清洁生产和提高自然资源效率来绿化工业，应用环境管理模型，并发展绿色工业（如环境商品与服务、环保产品、再生产品）、要将高科技产业和绿色技术的比例提高到42%～45% /GDP，使符合环境标准的营业场所比例增加80%，使清洁技术比例增加50%，使配套的环保产业和富集自然资源产业的比例增加3%～4% /GDP。

6. 生态工业

2014年发布的《国家工业发展战略》被视为影响各工业领域的可持续性的主动驱动因素。价值链、环境技术、创新已被设定为该国家工业发展战略对大多数工业领域（包括农业加工业）的要求。该战略中，还对中小型企业在可持续发展方面的作用作了很好的说明。该战略的议程聚焦于工业生产模型向清洁能源、环保技术、环境管理模型、清洁生产、自然资源节约和效率的应用转变，此外还侧重环保产业等新型绿色产业的发展。该战略的目标包括：要使高科技产品和采用高科技配置的产品的价值在2020年和2030年分别占到相应年份总GPD的45%和50%，使采用清洁生产的企业数量在2020年占到50%，并使原材料节约保持在8%～13%的水平。

二、工业园区基本概况

越南自革新开放开始，就坚持走外向型经济发展路线，引进外商投资是越南重要的经济发展策略。而建立设施完善，功能齐全的工业园区是越南政府吸引外商直接投资的重要渠道之一。在一系列的优惠政策措施下，工业园区大力建设和投入使用，吸引了众多外国企业和公司到越南投资。一方面外商企业到越南投资，可以利用自身的技术优势，结合越南丰富的资源和优惠的投资政策获得投资利益；另一方面，越南在引进外商企业投资的同时，引进和学习外商的先进技术和管理经验，对加快本国的经济建设起到了重要作用。

（一）工业园区概念及分类

越南政府发布的36号文件将工业区定义为：专门生产工业产品和为工业生产服务、具有清晰的地理边界划分、没有居民、由政府或政府总理决定成立的地方。在工业区里可以有出口加工企业。

越南政府2008年3月14日发布的2008/29号文件指出，工业区是专门生产工业产品和为工业生产提供服务的各种业务，具有清晰的地理边界划分，并按照该文件的条件、程序和手续成立的地方。与政府1997年的36号文件相比，新文件已不再阻止居民在工业区里生活，为今后工业区的迅速发展提供了良好条件。

越南的工业园区可以分为以下三类：

1. 传统工业区

这种工业区在越南很普遍（现在已有200个以上）。这些工业区的共同特点是：①具有两个或两个以上的省份或国家的跨区域合作，其影响范围非常巨大，不仅影响一个地区；②由工业区公司运营与管理的工业区域，该公司要让工业区里的基础设施得到良好的规划及管理；③在工业区里可有也可以没有居民，但工业区外面必须得有为在工业区里工作的员工提供服务的系统；④工业区里企业的产品可以在国内外销售。

2. 出口加工区

越南现有4个出口加工区，包括新顺1个园区和玲中3个园区。根据政府相关文件，出口加工区是专门生产出口产品以及为生产出口与出口活动提供服务的工业区。其具有清晰的边界划分，并按照政府的规定成立。除了和传统工业区的特点一样以外，出口加工区还有以下独有的特征：用围墙与外面区域隔离，有唯一的出入口，以便海关与有关机关按照越南《海关法》对出口产品以及在工业区里运营的所有企业的手续及运营情况进行检查和监督。越南政府规定，各种出口加工区之间的产品互换、加工企业和越南其他地区企业之间的产品互换等都属于进出口关系，免税区除外。在工业区里的企业都可以享受一系列优惠的免税政策，如免进出口税、免增值税、免奢侈品税、优惠的企业所得税与免向本国转移利润税。

3. 特殊经济区

越南的北部核心经济区包括 8 个城市和省份，核心是河内和海防，主要生产农产品。中部核心经济区以海洋经济闻名。南部核心经济区的中心是胡志明市，主要产业包括商业、出口、技术、服务业和通信业。

（二）工业园区数量及分布

自 1992 年越南最早的工业园区——胡志明市新顺工业区和出口加工区开始建设，该园区投资约 8 900 万美元，占地约 300 hm^2。据越南计划投资部统计，截至 2018 年年底，全国已设立工业园区和经济园区共 326 个，使用自然土地总面积约 9.3 万 hm^2，其中工业用地 6.4 万 hm^2，约占总面积的 68%。已经投入使用的园区 250 个，用地 6.8 万 hm^2，其余 76 个园区约占地 2.5 万 hm^2，正在征地、补偿和进行基础设施建设。截至 2018 年年底，入园项目累计 15 500 个，其中内资项目 7 500 个，外资项目 8 000 个，投资协议总额分别为 970 万亿越南盾（约 422 亿美元）和 1 450 亿美元。

除了谅山省由于地处边远山区，经济比较落后，目前尚缺少大的工业开发区外，在北江、北宁、河西、兴安、海阳等省份，分布着许多大大小小的工业园区（包括工业区、出口加工区和高新技术开发区等），这些工业园区有的尚在初创阶段，有的已经厂商云集。此外，越南首都和胡志明市交通沿线有大量已经建成和正在建设的工业区，这是越南加速工业化进程的体现（表 12-1）。

表 12-1　越南主要工业园区数量及分布情况

省市	数量 / 个	总面积 /hm^2	投入运营 / 年	投资资金 / 亿元
河内市	19	7 526	13	11.6
胡志明市	13	5 560	10	10.8
广宁省	11	5 325	9	6.33
同奈省	10	4 980	10	7.35
北宁省	16	6 053	13	10.5
兴安省	9	4 015	6	4.30
河西省	6	2 564	6	3.52

（三）工业园区的规模

目前，越南的工业园在越南经济中占有举足轻重的地位，无论是就业，生产总值，还是出口创汇，工业园都占有较大的比重。越南官方数据显示，2016 年越南 GDP 增长 5.98%，略高于 2015 年增速和预计目标；出口约 1 500 亿美元，增长了 13.6%。出口推动了越南经济快速增长。

为了更好地整合资源，引导和推动工业园区建设的健康发展，2004 年 8 月，越南政府制定 3 个重点经济区的发展规划，把全国重点工业区和出口加工区等都纳入 3 个重点经济区发展规划和管理之中，以 3 个重点经济区带动全国的经济建设。3 个重点经济区（20 省市）的划分为：南部重点经济区辖有胡志明、同奈、巴地 - 头顿、平阳、西宁、平福、隆安 7 个省市；北部重点经济区辖有河内、海防、广宁、海阳、兴安、河西、永福、北宁 8 个省市；中部重点经济区辖有岘港、承天 - 顺化、广南、广义和平定等 5 个省市。同时，越南政府明确提出了 3 个重点经济区的发展目标是：3 个重点经济区 2003 年的 GDP 占全国的 65%，2010 年占 70.5%，2020 年占 79.5%。至此，3 个重点经济区经济快速发展，已经成为越南经济发展的主要动力。

目前，按照越南国家开发总体规划，有 31 个工业园区所在区域已被开发，而其余 176 个工业园区尚未被开发，大部分位于红河三角洲。在越南中央政府决定从该总体规划中删去 7 个工业园区后，地方政府建议再取消 25 个工业园区，这 25 个工业园区分布于 13 个省市，总面积达 5 100 hm^2。同时，地方政府还在专业计划中增加了 51 个工业园区，这些园区分布于 20 个省市，总面积为 1.85 万 hm^2。

2017 年前 7 个月，越南全国新成立 5 个工业区，批准占地面积 1 882.6 hm^2；收回 1 个工业区投资许可证。截至 2017 年 7 月底，越南共成立 328 个工业区，总占地面积 9.63 万 hm^2，其中 223 个工业区已投入运行，105 个工业区处于征地拆迁阶段。上述工业区企业入驻率达 51%，其中已投入运行的工业区企业入驻率近 73%。

三、工业园区的政策、管理及技术需求

（一）环境管理需求

越南仍然处于完善政策和技术以追上发达国家的阶段。具体的趋势和需求如下：

① 进一步修改环境保护法，以加强环境管理力度；

② 增加环境监察官员的数量；

③ 增加经济调控的手段；

④ 发展新的国民监察规范；

⑤ 发展新的法律，增加自我监察和自我报告机制。

关于质量控制和环境保护：越南有超过 400 部环境质量标准，涉及空气、地表水质、工业排放、土壤和噪声等方面。在发展新的环境标准方面，相关部委主要关注环境质量、废料处置、技术管理和紧急警告等方面。

越南在环境管理方面的建议主要有以下 3 个方面：

1. 进行分阶段的环保规划和全方位的环境监控和治理

越南与中国都是发展中国家，面临相似的发展形势，中国的经验能够给越南提供很好的参考。从中国经验可以看出，中国生态环境保护政策是阶段性的，根据发展阶段的不同制定相应的策略，进行环境保护及污染预防工作。在国内的产业体系逐渐发展完善之后，引入新的环境友好型产业来逐步替换

污染密集型产业，从而进一步降低经济发展的环境压力。目前，越南的环境管理体系在理念上与中国的环保措施存在相同的地方，但是对于外商投资企业带来的环境污染在处理措施上还存在差距，特别是对环境的全方位监测方面，越南的环境监测系统相对于中国有很大的差距，无法及时对环境污染事件提供预警，以便降低污染损失，所以越南必须完善环保规划和环境检测体系。另外，越南还处于工业化初期阶段，大量的污染密集型工业产业的进入也让越南承担了巨大的环境压力，因此政府还要考虑在不同产业之间的协调发展问题，尽量让环境友好型产业来平衡工业产业污染的影响。

2. 政府要通过立法对环境保护起到领导作用

从国际经验来看，政府立法是环境保护的核心手段，政府立法代表了整个国家的环保政策走向，有利于引导社会和产业发展方向。中国等国家都在立法的基础上建设整个环保体系，确保了每一个环节的建设都有法可依，每一个环节的执行都能具体地落实。因此，越南政府要通过立法加强对环境保护的领导作用。

3. 完善国内的环境标准

发展中国家的环境标准比发达国家低是发达国家高污染外商投资转移的一大推动力，发展中国家则成了“污染避难所”。所以，越南在吸引外商投资工业园区建设过程中要加强与发达国家在国内环境标准方面的交流和合作，以国际公约为准则，联合发达国家政府，共同监督外商投资工业园区建设过程中的环境污染问题。通过对各国政府环保政策及标准差异的分析，越南政府要找到有自身特色的环保标准升级之路，引导合格的外商投资进入越南，不断优化和改善越南的环境。

（二）技术需求

1. 能源利用技术

越南仍是发展中国家，即使工业日益发展，农业仍将在很长时间里在经济发展和民生中发挥重要作用。越南在提高能源利用效率（包括电能、煤和化石能源）、生物质能的稳定化等领域仍然有很高的技术需求。

越南的能源部门：越南主要的能源来源是生物质能、石油和煤。数据显示，越南每年的能源需求量都在上升，这使得越南为保证经济发展需要使用越来越多的化石能源，导致了更多的温室气体排放。在越南，人们开始利用米糠式锅炉取代石油和煤炭锅炉。这有三点好处，第一是燃料价格更低，第二是减少二氧化碳排放，第三是可以处理稻米加工的废料。

针对可再生能源的困难和问题有以下几点：

①对于可再生能源技术认知有限；

②没有可靠的评估方法和数据；

③能源网络的建设和连接；

④国内缺少可再生能源设备供给和服务；

⑤高投资、高电价；

⑥财政资源不足。

2. 水污染防治技术

从水污染角度来审视，2013 年越南环境与资源部统计表明，越南排放的工业污水量已有 7.5 亿 t，其中超过 70% 的排放是工业废水和城市生活污水，这些污水没有经过处理就直接向池塘或河沟中排放，导致越南发生了全国性的水污染。越南环境与资源部于 2013 年在公告中指出，本国地表水被污染的情况十分普遍，尤其是污染水体流过城市的河段，有机污染状况十分显著。并且，地下水情况也十分严峻，地下水位不断降低并产生面状或点状污染态势，使城市工业及生活水资源的供求矛盾更加严峻。越南的很多流域地表污染已经趋于重度污染，特别是同奈—西贡河（胡志明市地区）、湄公河、斤式河是污染最为严重的三大河流。河流污染造成以胡志明市为首的城市处理水的费用大幅升高，也对工业园区绿色发展造成了阻碍，因此从国外引进或国内自主研发水污染防治技术极为迫切。

3. 大气污染防治技术

越南资源与环境部于 2013 年得到环境总局准许，连续多年向国家报告越南大气专题并制定方法来监管环境质量。近些年评估、分析越南的空气质量变迁、空气状况后得知，越南空气污染情况十分严重。当下越南天气异常的情况对空气质量影响越来越大。而民生、建设、工业、交通、跨国污染是越南空气污染的主要来源。其中，最主要的污染来自工程建设和大城市工业区排放的众多废气。这几年，燃烧稻秆、煤炭等民生生活产生的废气也导致农村空气污染。尤其是邻邦国家的大雾也使越南受到影响。如今，越南政府不断增加对防治空气污染工作的投入，治理程度持续提升，获得的成效巨大。然而因为越南气候条件呈多样化以及其余因素，越南治理大气环境仍旧面临极大的困难，形势依然严峻。第一，从排放到大气中污染物数量剖析，造成大气污染的排放物种类多，有较大的排放量，如二氧化硫，每年有高达917.8 万 t 的排放量，严重影响大气环境。第二，酸雨区污染逐渐显著。铸钢厂的清洗、加工、清洗铁锈、轧件等工艺，造成附近区域大量粉尘的产生。很多村落污染是以氧化铁为主要金属粉尘，特别是锻钢厂粉尘邻近地区在大气中的富集。很多村落污染是以氧化铁为主要金属粉尘，且在四周工厂的粉尘区可达到 0.5 mg/m^3，还能在空气中嗅到锈的味道，即氯化物、氰化氢、氯、二氧化硫、一氧化氮、一氧化碳这些有毒气体弥漫在空气中，而且此类村落检测空气质量的水平低下。此类有毒气体极大地威胁到村民健康，使村民的患病率大幅提升。因此，推动工业园区生态化建设，必须先解决影响大气环境与居民健康的空气污染，急需大气污染防治相关技术。

4. 固体废物处理技术

由 2003—2012 年统计的固体废物数据可知，固体废物在越南年均增长率从 150％飙升至 200％，城市中固体废物增加超过 2 倍，工业增多的废弃物超过 181％，而且仍旧呈增长态势。2013 年越南环境与资源部的数据显示，越南全国范围内总共产出了 1.7 亿 t 废弃物，其中有 623.7 万 t 被综合使用，有 58.3％的综合使用率。虽然综合使用率已经接近 60%，但从综合使用层面上看，基本上仍是采用低水平回填、道路建设等使用形式来利用废弃物，高科技管理体系和相匹配的处理技术极为匮乏，大多数废弃物没有处理就直接向生态环境中投放，导致生态环境受到极为严重的污染。

第十三章
马来西亚

马来西亚是最早响应“一带一路”倡议的沿线国家，也是共建“一带一路”早期收获最丰硕的国家之一。制造业是马来西亚最大的生产部门，也曾是马来西亚国民经济发展的主要动力之一。主要工业部门包括电子、石油、机械、钢铁、化工及汽车制造等行业。

在环保制度建设方面，马来西亚自20世纪70年代起开展环境保护工作，制定了相关法律法规。但随着经济与社会的快速发展，相关法律法规已经不能适应形势需要，特别是在排放标准、环境执法等方面。

在机构设置方面，马来西亚政府环境保护主管部门是自然资源和环境部下属的环境局，主要负责环境政策的制定及环境保护措施的监督和执行。环境局下设负责空气、河流以及工业废物的部门。

在环境保护政策方面，马来西亚国家级的环境政策主要有8项原则：一是问责制；二是保护自然资源的活性以及多样性；三是持续提升环境质量；四是可持续使用自然资源；五是决策的综合考虑；六是重视私有部门的角色；七是承诺与义务；八是国际社会的广泛参与。为了更好地实现上述原则，马来西亚制定了7条绿色战略：一是提升教育和公共意识；二是有效管理自然资源与环境；三是规划实施综合发展战略；四是防治环境破坏和污染；五是加强行政管理机制建设；六是促进区域以及全球环境合作的提升；七是制定实施相关行动计划。

马来西亚的基础环保法律法规包括《1974年环境质量法》和《1987年环境质量法令》（指定活动的环境影响评估）。涉及投资环境影响评估的法规包括《1990年马来西亚环境影响评估程序》和《1994年环境影响评估指南》

（海边酒店、石化工业、地产发展、高尔夫球项目发展）。

一、节能环保及生态工业政策法规

马来西亚政府在"第十一个马来西亚计划"（11MP，2016—2020 年）指导下追求绿色增长，将会更多地关注可持续发展，包括绿化环境、采用可持续的消费和生产理念、保护自然资源、加强应对气候变化和自然灾害的适应力。这些行动将会进一步减少马来西亚的碳排放。

马来西亚将启动《可持续发展目标蓝图（2016—2030）》，详细说明目前已经取得的成绩以及未来较长一段时间内的目标。

（一）国家发展规划

马来西亚已经提出并实施了多项环境管理措施，以免马来西亚环境持续恶劣下去。实际上，在 1976 年，在本国的五年发展计划中，马来西亚就提出了环境保护问题，从那时起，就已经确定了环境保护对马来西亚经济发展的重要性。

环境的有效管理被给予特别关注，以保证在"第六个马来西亚计划"（6MP，1991—1995 年）期间实现更和谐的发展。在"第七个马来西亚计划"（7MP，1996—2000 年）中，本国的发展计划考虑了经济、社会和环境方面，以实现经济增长和环境保护目标。

"第八个马来西亚计划"（8MP，2001—2005 年）强调通过促进清洁技术和全面环境管理实践的使用，实现可持续增长。"第九个马来西亚计划"（9MP，2006—2010 年）进一步强调通过采用绿色技术，实现发展和经济之间的最佳协调。"第九个马来西亚计划"更重视污染预防和加强环境保护措施。能源、绿色技术和水资源部（KeTTHA）的建立、《国家绿色技术政策（NGTP）》的推行和《国家气候变化政策》（NPCC）的推行，反映了马来西亚政府致力于向低碳经济型社会转型。

马来西亚目前正在进行一项大范围的转型计划，计划在 2020 年之前，将本国变成一个包容的、可持续的高收入发达国家。该计划在"第十个马来西亚计划”（10MP，2011—2015 年）中有相关概述，按照该议程，马来西亚政府已经开始了许多国家的转型计划，包括“政府转型计划”（GTP）、“经济转型计划”（ETP）、“新经济模型”（NEM）、“第 10 个马来西亚计划”。这些以及其他国家政策已经确定了促进可持续发展的重要性。为了实现该目标，马来西亚政府正在加强其政策和机构框架架设，以便能够转变为可持续消费和生产（SCP）模式。在可持续性方面，马来西亚做了很多努力，包括自愿承诺在发达国家的财务和技术帮助下，截至 2020 年，使其 GDP 中的二氧化碳排放强度与 2005 年相比减少 40%。

“第十个马来西亚计划”反映了政府在环境资产和生态资源管理方面的承诺，以及对旨在保证可持续增长的适应策略和对旨在减少温室气体排放的缓解策略的重视。该计划还提出了将主流环境因素融入经济规划的策略，以保证资源的可持续利用。还强调了环境禀赋的评估，使每个马来西亚人都能够通过现有资源的审慎管理和保护，尽力保护环境。

“第十个马来西亚计划”通过更好地获得医疗保健、公共交通、电力和水，提高生活质量，同时减少社会不平等。政府已经采取了一系列措施，来建立一个有爱心的社会，并提高社会福利。经济发展以可持续性政策为基础，以保证保护环境和自然资源，使这种增长不会给后代造成任何损失。

NEM 支持可持续发展，使马来西亚的绿色、高收入和包容性策略的主要好处能被后代继续享用。

ETP 已证明马来西亚政府承诺保证将自然环境和资源的价值恰当体现在发展成本中，对自然环境和资源进行管理与保护。

（二）环境保护与生态工业相关政策法规

《国家绿色技术政策》（NGTP）（2009 年）通常致力于保证可持续发展和为后代保护环境。NGTP 确定了技术在加速增长和促进可持续发展方面的战略地位。技术不但与设备相关，还与用于保护自然环境和资源的产品与体系有关，能够尽量减少并降低人类活动的不良影响。技术被认为是 NGTP 中马来西亚低碳经济的一个主要驱动因素。NGTP 是在 4 个支柱上建立的。

这4个支柱是：①能源：力图实现环境独立性并促进高效使用；②环境：保护环境，并尽量减少对环境的影响；③经济：通过技术的使用，加强国家发展。④社会：提高全民的生活质量。

NPCC（2009年）旨在通过明智的资源管理和加强环境保护，使气候变化成为主流，从而增强环境竞争力，并提高生活质量。NPCC将经济、社会和环境发展目标融为一体，并制定了通过低碳经济实现适应气候变化的发展措施，从而增强全球竞争力，并实现环境的可持续和社会经济的增长，NPCC还采用了和谐的适应和缓解措施，来加强环境保护和促进自然资源的可持续发展。缓解和适应策略的制定与绿色技术、可持续和包容性发展密切相关，解决了与绿色经济有关的问题。

《国家可再生能源和行动方案》（NREPAP）（2009年）自2010年6月开始生效，旨在从可再生能源那里获得更多电力，从而为后代保护环境，并鼓励加强使用本土可再生能源对国家供电安全性和可持续社会经济发展的贡献，并增加国家发电市场上的资源高效利用（RE）贡献。

《国家环境政策》（NPE）（2002年）旨在通过环境合理的可持续发展，实现持续的经济、社会和文化进步，并提高马来西亚人的生活质量。马来西亚认识到无差别的资源使用、过度消耗和其他非持续发展实践将侵蚀一个国家的基础，可能破坏马来西亚的继续发展。NPE试图将环境因素融入发展活动和所有相关的决策过程中，从而促进经济长期增长，并保护和完善环境。

NPE的目标是通过保证"环境生产力和质量的持续提高"，实现消耗和生产的可持续生活方式和模式，并同时实现经济增长和人类发展目标；管理自然资源使用，以保持资源基础，防止环境恶化；将环境维度融入马来西亚各部门的政策、目标和要求的规划和实施中，从而保护环境。

在NGTP和NPCC的支持下，"第十个马来西亚计划"旨在推进马来西亚的低碳经济发展。在多项旨在实现低碳经济的措施中，有一项措施鼓励"新能源政策"（NEnP）所述的能源效率（EE）实践，新能源政策强调了能源安全、经济效率和环境与社会因素（表13-1）。能源有效使用的鼓励措施包括指定“能源效率主方案”（EEMP），需要设定关于绿色技术应用和发展的最低能源绩效标准。这些措施还鼓励企业和消费者有效使用能源，并尽量减少废弃物，从而提高在国际市场上的竞争力。另外，新能源密集型企业不受鼓励，但是将促进节能、高附加值企业的发展。在该方面，电费结构将作为一项吸引优质投资的措施被重新评估。与 EE 有关的机器和设备的生产还将支持附属产业与服务的发展。

表 13-1　新能源政策的策略支柱

能源定价	供应方面	能源效率	管理控制	变化管理
下述项目的市场定价： ● 石油产品； ● 天然气； ● 电力； ● 煤炭	供应： ● 石油产品； ● 天然气； ● 电力； ● 煤炭	能源效率措施： ● 工业； ● 商业； ● 住宅； ● 交通	更强大的政府： ● 增加下述项目的市场约束： ——天然气； ——电力	变化管理： ● 以客户为中心的综合、有序措施

资料来源：EPU（2010）、“第 10 个马来西亚计划”。

（三）中小型企业支持计划

马来西亚政府推行中小型企业（SME）支持计划：实施具体计划，培养本地中小型企业，将本地中小型企业作为研发合伙人，使跨国公司（MNC）和政联公司（GLC）能够利用研发的外包机会。马来西亚政府还采取了一系列措施，鼓励 MNC、GLC 和 SME 之间建立合作项目，从而促进技术转让和技能发展。还将加强旨在增强技术能力和支持 SME 之间的研发活动的现有计划。将扩大计划的包含范围，以包含“桥接技术”的获取。2001 年第一次发起“小型可再生能源（SREP）计划”，同时协调并监督“可再生能源特别委员会”（SCORE）。SREP 计划允许实施不超过 10 MW 的可再生能源项目，该项目将按照一个 21 年许可协议，向供电企业售电。任何可再生能源电厂，包括生物质、生物气体、城市垃圾、太阳能、小型水力发电和风电电厂，可以申请在一个“资源买卖周期的基础”上向输电网售电。国家电力公司（TNB）在 2001 年与某发电厂所有者签署了第一份“可再生能源采购协议"（REPA）。然而，该计划在 2011 年限制为 219 MW，但在 2015 年增加到 1 GW。将安装的发电总量上为生物质和小型水电留出了空间。虽然已经增加了参与程度，且结果令人鼓舞，但是总发电量仍然较小。

中小型工业发展机构（SMIDEC）与 IRIM Berhad、MTDC、MDeC 和马来西亚生物技术公司等技术机构合作，实施了 SME 的"技术预见计划"，该计划使他们了解并利用未来技术，为达到"良好生产实践"（GMP）及"危险分析和关键控制点"（HACCP）等国际标准做好了充分的准备。

企业社会责任的加强项目鼓励公司提供绿色空间建立和维护方面的支持，将这种支持作为企业社会责任（CSR）计划的一部分。

下文提供了实施和推荐的技术方案，包括机构建立计划：

①高新技术园；

②"RDI 和卓越中心或关于绿色技术发展的新研究机构"的协调机构；

③策略计划（分级的气候友好技术转让计划）；

④人力资源发展（人才引进计划）、关于用于技术投资的私营部门融资的业务流程现代化和推进的建议；

⑤在专属经济领域（EEZ）实施科学研究、环境保护和保存。

二、工业园区基本概况

（一）马来西亚工业园区

马来西亚的工厂主要坐落在超过 500 多个工业园区和 18 个贯穿整个国家的自由工业地带（FIZs）中。一些新的工厂都配备有基础设施，如公路、电力和水资源、电网供应等，这些工厂因受到州政府和私人部门的需求而被不断建立。

FIZs 是马来西亚的出口加工地带，其发展自由工业地带主要是为了适应马来西亚的出口导向型经济的需要。自由工业地带内的公司被允许免收进口原材料、零部件、机器设备等关税。自由工业地带外的企业可以通过取得制造业仓库许可证（LMWs），享有同工业地带内的公司一样的权利。

1. 东部沿岸经济区

东部沿岸经济区（ECER）未来的发展将会依照一个宏大计划展开，它将会被建设成为一个主要的国际和当地旅游胜地，一个自然资源和工业制成品的出口中心，一个活跃的交易中心和基建完善的经济区。

2. Iskandar

Iskandar 是被投资者设计的。这个地区将会拥有完善的基础设施和一个“一站式”的商业中心，以确保商业交易的快捷方便。Iskandar 将会是马来西亚最发达的地区，在这里的生活、娱乐、环境和商业活动都将是非常完美的。

3. 北部经济走廊

北部经济走廊实施委员会是在北部经济走廊法案（687 法案）的指导下建立的，这个委员会为北马经济特区地区的经济社会发展提供直接的设计政策和策略。

4. Sabah 经济发展走廊

Sabah 经济发展走廊以其文化遗址和自然禀赋闻名，其在服务工业和基于资源的商业活动方面具有巨大潜力。

5. 发展可再生能源的 Sarawak 经济走廊

Sarawak 经济走廊的核心在于其能源资源，尤其是水力发电（2.8 万 MW），煤（14.6 亿 t）和天然气（1.16 万亿 m^3）资源丰富。

（二）特殊工业区

马来西亚的特殊工业区主要是为了适应特殊工业的需要而建立的，比如在 Bukit Jalil、Kuala Lumpur、Kedah 的工业区，主要用以适应技术密集型工业和研发工作的需要。马来西亚科技园（TPM）是世界上知识密集型的最先进和综合的研发中心之一。

（三）工业区内的环境问题和管理问题

马来西亚的环境污染问题由来已久。锡矿开采是马来西亚开始于 100 年前世纪之交的传统工业。随着矿山的快速开采，开矿产生的废水和污泥导致周边水资源的污染。后来，其他传统工业（如自然橡胶和棕榈油）的生产兴起，工厂的废水导致了进一步的河流和海洋污染。从 20 世纪 60 年代晚期开始，在外国投资的支持下，马来西亚进入了快速工业化的时代，但是工业化也带来了大量的环境污染问题，工业废水和其他垃圾使得环境污染问题成为 20 世纪 70 年代之后非常明显的环境问题。

近年来，伴随经济发展，由陆地交通增加带来的空气污染问题以及由家庭污水带来的水污染问题成为影响城市地区最主要、最明显的环境问题。

另一个影响较大的问题是雾霾，在 1997 年大规模暴发了持续几个月的雾霾，这导致了大量的呼吸道问题和其他健康问题。在这个事件中，雾霾是由印度尼西亚加里曼丹岛和其他印度尼西亚的森林大火导致的，烟霾跨过海洋到达马来西亚上空。因此这是一个不好解决的特殊环境问题。

马来西亚的其他环境问题包括海洋受到石油污染，以及由于各种发展导致的去森林化问题。尽管马来西亚政府比其他东南亚国家实施了更有效的环境管控措施，马来西亚仍有大量的环境问题需要解决，但马来西亚政府承诺建设环保的基础设施（如污水处理系统）来解决家庭生活污水的排放问题。

马来西亚产生的垃圾数量随着工业活动的发展在逐年递增。环境部门的统计数据显示，垃圾产生数量从 1994 年的 42 万 t 上升到 1996 年的 63 万 t。1997 年，垃圾产生数量降到了 28 万 t，原因可能是更改了统计口径，也可能是因为受到金融危机的影响。然而当经济复苏时，垃圾产生数量又一次上升。1997 年的图表显示，化工、纺织和金属制造业产生的垃圾占据了很大比例，各种类别的污泥和酸性废料占据了垃圾排放总量的 50% 以上。

因为马来西亚最终垃圾分解设施数量有限，所以垃圾分解费用非常高昂，因此非法排放垃圾的行为仍然是一个问题，非法排放事件屡见报端。

三、工业园区的政策、管理及技术需求

（一）政策及管理需求

马来西亚计划到 2020 年成为一个高收入发达国家。高收入经济所需的

经济结构是以高增值活动和知识社会为基础的。在该方面，马来西亚致力于向一个创新驱动经济和以知识为基础的社会转型，且特别注意服务部门供给。其竞争力取决于提高生产率，提高知识、创新和实施发展研究的能力。对于马来西亚来说，重要的是利用马来西亚目前在东南亚国家中的先驱地位。

适当水平的人力资源和技术开发是在一个广泛的社会上支持与生态效率、生态效力和绿色、可持续增长有关的创新和意识的关键。因此，在支持绿色产业和绿色工作创造的“绿色经济”环境下，按照对绿色技术、促进绿色技术投资能源效率投资或其他组合的支持程度，对与该 SCP 目标有关的政策进行评估。“绿色技术”被视为是加速国家经济增长和促进可持续发展的一个驱动因素。为了实现可持续消费与生产（SCP）的技术和经济创新，马来西亚认为需要增加绿色技术的研究进展和创新以及当地大学和研究机构与绿色技术行业的国际拓展，以扩大 SCP 支持范围。

气候变化适应和缓解措施在性质上是跨领域的，且对于马来西亚来说，与经济效率密切相关，这些措施将通过旨在减少碳排放、污染或废弃物的环境友好措施和技术的推行来实现。

近几年，马来西亚积极参与中国—东盟绿色使者计划、绿色丝路使者计划等能力建设培训活动，其环境官员表示出对中国《“十三五”生态环境保护规划》、新环保法、《大气污染防治行动计划》《水污染防治行动计划》等政策的培训需求。提出中马两国在环境政策及管理方面可开展以下合作：一是在环境规划、环保政策，特别是制度政策落实、环境执法、地方政府环境治理实践等方面开展交流，分享中国的做法和经验，以帮助马来西亚环境保护工作少走“弯路”；二是在相关环境政策、环境标准等方面，双方开展联合研究，推动马来西亚环保体系、制度不断完善；三是加强双方的环保产业合作，促进相关环保技术的交流与转移，探索开展中马环保产业合作示范项目等。

（二）技术需求

1. 中小型企业可持续发展

马来西亚政府一直致力于通过创建有利的环境来重振私营部门，包括促进形成有更平等的竞争环境且依赖更大程度地使用知识资本、技术、创新和技术的经济体。重点将放在吸引更多的外国直接投资（FDI）方面，尤其是对中小型企业的投资。目前，中小型企业占马来西亚所有业务的 99.2%，贡献了 56.4% 的总就业人口和约 31% 的 GDP。

马来西亚政府采取了多种支持计划来鼓励优化中小型企业的技术能力。还采取了鼓励 MNC、GLC 和 SME 之间开展合作的措施，以促进技术转移和技能开发。这就需要增强 SME 促进技术能力发展和支持研究与开发活动的现有方案。

技术开发是支持环境效率、生态效用和广泛社会层面上的绿色、可持续发展相关的创新和理解的关键。中国已经在马来西亚宣传了技术审计、能源审计和生态创新计划，目的是帮助 SME 提升其价值链。大多数计划都研究 SME 的技术干预和能力，因此，一个能源效率和低碳技术相关信息的综合数据库对于支持 SME 而言非常关键，因为 SME，尤其是中小微企业（MSME）能够了解技术专家和能源效率措施及可用的低碳技术相关信息的途径是有限的。

让 SME 加入到向更加可持续的商务活动阵营中可能会变成另一个挑战，因为他们目前的主要任务是满足业务底线。但是考虑到增加的可持续发展产生的级联效应，他们将来会有很多创造价值的机会。马来西亚的政府采购业务在社会经济发展方面起着关键作用，因为该业务代表了 12% ～ 15% 的 GDP 增长。政府可以利用自身的购买力刺激使用环境友好的产品和服务，使这些绿色产品和服务成为公众采购的优先选择。马来西亚政府已经在多个国家政策相关的倡议中列出了马来西亚政府在 GDP 方面的承诺。

支持行业可持续发展的技术需求包括减少能源消耗的能源效率技术，低碳技术，清洁、绿色技术和再制造。

2. 环保产业合作技术

在环保产业合作特别是技术转移方面，马来西亚向中国提出了具体的合作需求，包括固体废物处理技术、污染监测技术及设备、水污染防治技术（特别是工业污染防治技术）以及以脱硫为主的大气污染防治技术。建议在上述领域进一步加强对中国环保产业“走出去”的引导与支撑，帮助中国优秀环保企业参与马来西亚相关环境治理项目，以点带面，推动中马环保技术与产业务实合作。各领域具体技术需求如下。

（1）空气污染防治领域

马来西亚政府在向《联合国气候变化框架公约》秘书处提交的国家自主贡献中，设立了到2030年将温室气体排放强度降至35%的气候目标。因此，与气候目标有关的技术（如空气质量监测技术和排放清单调查技术）将有广阔的发展前景和市场。

虽然马来西亚总体上的空气质量能够达到中等水平，但在雪兰莪州、柔佛州以及沙捞越部分地区的城市、工业区等，空气污染仍然十分严重。陆地交通、电子工业生产、橡胶及棕榈油生产、金属冶炼、石油开采与精炼以及露天焚烧活动等是空气污染的主要来源。其中，陆路交通是目前马来西亚最主要的空气污染源，约占全年空气污染物总排放量的70%。

马来西亚在空气污染防治领域的重点环保技术及设备需求包括环境空气质量监测设备，源排放测算技术，干式吸附剂注射技术，烟气脱硫设备，活性炭注入技术，仪器检查、调整、维护和维修服务，选择性催化还原技术，选择性非催化还原技术，尿素制氨试剂技术等。

（2）废物管理与回收领域

据马来西亚城市福利、住房及地方政府部的官方统计，目前马来西亚有170个废物处理场，其中仅有14个是卫生填埋场（用于处置生活垃圾，设有渗滤液、填埋气体收集或处理设施及地下水监测装置的垃圾处理场地）。自2012年起，全国大约50%的城市固体废物存放在露天垃圾场。2019年实行了强制家庭垃圾分类计划，旨在完成2020年运往垃圾场的固体废物量减少40%的目标。截至2017年，仅有8个州和联邦直辖区参与该计划。

马来西亚的城市生活垃圾组成大部分是含水量较高的有机质。近年来，垃圾填埋及气体回收系统受到越来越多的关注，这为中国的垃圾填埋和气体回收企业提供了巨大的市场机会。由于焚烧成本相对较高，垃圾填埋及气体回收系统对气候和废物组成有较好的适用性，我国在该项技术上拥有领先的市场地位和巨大的市场优势。

马来西亚在废物管理与回收领域的重点环保技术及设备需求包括废物处理设备、收集服务（集装箱和车辆）、循环工艺技术、废物处理技术、废弃物能源转化技术、垃圾填埋及气体回收系统。

（3）市政供水与污水处理领域

马来西亚政府通过投资兴建饮用水改造基础设施，维修并扩建饮用水处理设施和输水管网等措施，来保证清洁饮用水生产和供应。但同时，马来西亚的废水和污水处理行业发展情况远落后于饮用水行业。其国内的三级污水处理是污水高级处理措施（又称“深度处理”）能力尚未发展成熟，目前仍主要依靠初级处理和二级处理。实际上，污水经过二级处理后，仍含有磷、氮和难以生物降解的有机物、矿物质和病原体等，需要进一步净化处理，这也为污水处理技术提供了巨大的市场机遇。

此外，污水处理厂提供的服务仅能覆盖全国56%的人口，其余的污水处理则依靠化粪池和简易倾倒系统等处理措施，不能达到良好的处理效果。有限的污水处理网络连接率以及有限的污水管网覆盖率都阻碍了污水处理行业的发展。但随着大型污水处理设施项目的引进和上线，未来几年内马来西亚的污水处理市场将会发生显著的变化。马来西亚的许多公共基础设施项目多采用建设转移（BT）模式进行开发，但在整个项目建设期间，项目的所有权归属于政府，政府对项目的建设情况有一定的监管权。

马来西亚在市政饮用水与污水处理领域的重点环保技术及设备需求包括采购和施工服务、高级污水过滤技术及设备、厌氧消化技术、硝化技术、生物反硝化技术、监控设备、测试设备、延长曝气设备、氧化渠、旋转生物接触器、序批式反应器和滴滤池。

（4）工业污水处理领域

马来西亚的工业用水主要集中在食品和饮料、电力、汽车和棕榈油行业。马来西亚生产了 1/3 以上的世界认证的可持续棕榈油，相应地需要大量的棕榈油废水和固体处理设备。随着全球对生物燃料的需求持续增加，棕榈油行业的发展将持续升温，加之马来西亚对棕榈油行业的污水排放要求很高，棕榈油生产企业的工业废水处理技术缺口将孕育出巨大的市场需求。

马来西亚在工业污水处理领域的重点环保技术及设备需求包括废物处理设备、脱水设备、采购和施工服务、高级污水过滤技术及设备、膜过滤技术及设备、废物能源转化技术、厌氧消化技术及设备、硝化设备、生物反硝化设备、监控设备、测试设备。

（5）水资源高效利用领域

马来西亚干旱频发，提高水资源利用率显得尤为重要。马来西亚重点关注建筑物的综合水资源管理实践、用水计量能力的提高和流失率的减少。这也为水资源高效利用的相关产品和服务提供了新的市场，包括雨水收集系统、智能仪表和先进的漏水检测设备等。

马来西亚在提高水资源利用效率领域的重点环保技术及设备需求包括工程设计、监控设备、智能仪表、漏水监控软件、雨水收集技术、低损耗输水设备、储水设备等。

第十四章
印度尼西亚

印度尼西亚（以下简称印尼）作为东南亚最大的经济体和世界排名第四的人口大国，伴随政治改革、经济转型的阵痛，逐步变成东南亚地区举足轻重的发展中大国，在政治、经济、外交、军事及安全等领域均取得了重大突破。然而，印尼在由农业社会向工业社会转型的过程中，重发展轻环保，以粗放型的自然资源消耗以及劳动密集型的低端加工业来推进国家的工业化进程，以牺牲环境为代价换取经济发展，导致空气污染、水污染、烟霾污染等环境问题日益严重，其中以烟霾污染问题最为突出。近年来，印尼环境问题日益突出，气候变化加重了水资源短缺的问题，制约着农业生产，威胁到粮食安全，还造成森林火灾，导致海岸线退化以及更大的健康风险，已经对本国以及周边国家和地区造成了威胁。如何减轻环境灾害影响是印尼的主要困境，在其国内大力推动环境污染防治，引导其国工业走上绿色发展之路，积极参与全球环境治理，对减少印尼环境问题对周边国家的影响，推动全球环境治理机制的发展能够起到一定的积极作用。

一、节能环保及生态工业政策法规

印尼政府制定了全面的环境保护政策与立法框架。在国家政策层面，制定了相应的环境战略规划、国土规划以及战略环评；在环境立法方面，印尼不仅制定了环境领域的国家法案，也制定了部级的大气、水及生物多样性相关法规。

在机构设置上，印尼设有环境部以及省级、地区级与市级环境管理部门，并将环境监管权力下放，规定了省级、地区级以及市级政府的责任，并注重发动社会力量，对企业的社会责任进行明确规定。此外，印尼政府批准和签署了环境领域相关的国家公约与协议，参与了包括大气、水、生物多样性、化学物质、气候变化等领域的国际公约。

（一）环境保护法律

印尼涉及环境保护的法律主要有1982年的《环保基本法》、1985年的《森林保护法》、1997年的《环境管理法》。《环境管理法》主要规定了环境保护目标、公民权利与义务、环境保护机构、环境功能维持、环境管理、环境纠纷、调查及惩罚违反该法的行为。其中，第四章“环境管理机构”规定了政府在环境管理中的职责和权限。环境管理实行首长负责制，中央由部长负责，地方由地方行政长官负责。印尼目前主要的环保部门是环保国务部，其根据《环保基本法》履行环保业务，制定环保政策与法规，惩罚违反环保的行为；第五章“保护环境功能”规定了环境质量标准、环境破坏标准、环境影响评价制度；第六章“环境污染防治”规定了排污许可制度、环境监管权限、环境行政处罚以及环境审计等。

这部《环境管理法》有着独特的立法框架，是一部综合性的法律。它在基本原则、基本制度的规定之外，还规定了环境纠纷的解决机制、归责原则、行政处罚、环境案件调查和环境刑事犯罪的罪名与法定刑，但规定得都较为概括，具体的措施规定涵盖在相应的政府规章、民事诉讼法、刑法和刑事诉讼法中。《环境管理法》确立了环境影响评价制度、排污许可证制度等一系列制度，确保了环境法基本原则的实现。但缺少对环境基本规划、环境污染破坏事故应急机制、海岛环境管理等相关内容的规定，虽确定了该法同国内其他法律的关系，但没有规定如何将国际环境法进行国内转化，在国际合作上也缺少相关的规定。

（二）清洁可再生能源政策

印尼被列为全球十大温室气体排放国，目前面临能源安全、减缓气候变化、能源减贫三重政策困境。国家能源理事会（DEN）、国家发展计划署（BAPPENAS）和财政部等部委和主要政府机构负责政策监管，能源和矿产资源部积极鼓励太阳能的发展。

政府2006年第5号总统令，2007年第30号法令和批准《京都议定书》表达了政府支持可持续发展、清洁生产、节能和环境保护的意愿。政府其中一个行动计划是扩大清洁可再生能源的使用，设定了在2025年其能源结构清洁可再生能源使用比例至少达到23%的目标。

苏西洛总统已经根据《哥本哈根协议》作出了承诺，到2020年将温室气体排放量减少26%，并增加可再生能源使用的比例，使可再生能源在2025年占能源总产量的25%，实现能源安全。现阶段，印尼的能源消耗严重地依赖煤炭和天然气储备，这使得这种减缓气候变化目标的实现变得十分困难。煤炭和天然气储备与石油燃料燃烧的排放量将会使到2030年，印尼的温室气体排放量可能持续增加4倍。印尼选择的政策与气候变化减缓和能源安全的目标相反，这必然会对能源贫困产生社会影响。例如，燃油补贴在印尼的政治中起着至关重要的作用。

（三）"蓝天计划"

开展"蓝天计划"的目的是控制印尼城市大气污染，主要措施包括：①制定法规和标准，控制工业粉尘和烟尘的排放。②要求机动车辆使用低硫、低铅燃料。同时制定规划，逐步减少生产的汽油含铅量。1996年生产的含铅汽油每升含铅量已降至0.25 g，到1999年年底将停止生产含铅汽油。此外，政府还提供补贴，促进无铅汽油的使用。③在城市推广使用低污染机动车燃料，压缩天然气，以取代汽油和柴油。为此，政府提供专款，逐步为公共汽车配置使用压缩天然气所必需的燃料转换器，并通过免征进口税和发展本国产品，大大降低了燃料转换器的价格，以鼓励更多的机动车辆使用压缩天然气；④统计工厂和机动车辆的污染数据，定期（每3个月1次）分析和报告城市污染情况。

（四）清洁生产计划

印尼政府于2004年启动了清洁生产计划，得到了捐助方（GIZ、EU、JICA、ADB等）的支持，并在多个部委开展了与清洁生产有关的各项活动。

印尼现有 3 个清洁生产培训中心，一个是由联合国工业发展组织（UNIDO）支持的印度尼西亚资源高效利用与清洁生产中心（CRECPI）。一个是由德国国际合作机构（GIZ）支持的国家清洁生产中心（PPBN）。另外值得一提的是，工业污染防治技术中心（CIPPT）是工业部研究与开发机构的一员，也负责开展清洁生产培训。

印尼清洁生产计划主要包括以下 4 个方面：

①为生产行业提供技术援助：制定各种工业类型的技术指导方针；实施示范项目，进行技术研究与开发；实行环保审计，确定清洁生产的领域；鼓励私营企业实行环保审计；聘用本国或外籍专家指导清洁生产。

②建立清洁生产技术信息系统：收集世界各国有关清洁生产的资料和信息；出版清洁生产科技通信；开发清洁生产信息数据库；建立清洁生产中心。

③开展以清洁生产促进可持续发展意义的宣传和培训：设置培训课程；对工业部门的培训；对非政府部门和社会团体的培训。

④实施经济刺激政策：鼓励生产有环境保护标志的产品；征收废物惩罚税；实行奖励计划；为实行清洁生产的部门提供软贷款；制定引进清洁生产技术和设备，豁免进口关税的优惠政策；研究与开发清洁生产技术。

（五）绿色工业政策

为了加强支柱产业，印尼出台了关于绿色产业以及环境友好科技的政策。绿色产业政策在 2017 年第 3 号文件产业发展文件中被明确提出。文件指出，为了在工业和谐发展的情况下保护环境，为了为人类发展提供长久的益处，生产过程中的行业以可持续的方式优先考虑资源使用的效率和有效性。

由此可见，绿色产业政策战略旨在将已有产业向绿色产业发展（现有产业绿色发展）并且创造出以绿色发展为基调的新产业（创造一个新的绿色产业）。其宗旨是利用清洁技术和清洁生产流程来达到高生产力、自然资源高效利用和减少源头上的生产浪费。

工业部（MOI）目前主要针对绿色产业政策，如绿色工业标准（Green Industry Standard）、绿色产业认证（GIC）和绿色产业奖（GIA）评估和评估体系以及环境友好包装（环保包装）研究。同时，环境和林业部（MOEF）侧重十年框架计划中的可持续消费和生产（10YFP-SCP），印尼政府环境评价评级系统（PROPER）评级，生态标签（EKOLABEL）和环境影响评估（AMDAL）。研究、技术和高等教育部关注“2017—2045年国家研究计划”，其中包括节能技术应用。

AMDAL或环境影响评估（EIA）是在作出决定之前进行评估项目活动，公共政策或计划的环境影响的程序。作为获得环境许可证的一部分以及获得环境许可的必须要求，确保妥善实施环境管理和监测计划（RPL-RKL）才是关键。

配合绿色产业的发展，设立绿色产业指标的产业数量也在增加。截至2017年，已经有11个产业设立了绿色工业标准（SIH），分别是瓷砖、水泥、化肥、甘蔗、钢铁、奶粉、皮革、粒状生胶、纸浆和纸张、玻璃板、油脂化学品。SIH是印尼国家标准，规定了每个产品单位的具体投入物、水和能耗比。政府已经制定并建立了瓷砖、水泥、制浆绿色行业标准，这将为绿色产业的评估标准提供指引。绿色行业标准是根据特定行业的世界级最佳实践，来开发某些参数。 2015年，MOI成功发布纸浆、纺织、水泥，钢铁和陶瓷工业的地理信息系统。而在2016年，MOI针对脱脂牛奶、橡胶、糖、化肥、玻璃和皮革等行业进行了定案。之后还会出台针对钢铁、化肥、制浆造纸、陶瓷等行业的节能技术和二氧化碳减排技术的指导。

除此之外，为了满足合乎环境要求的工艺需求，MOEF已经有了通过专业小组评估的环境科技认证（ETV）和同行评审的协议。验证技术之后会在MoEF登记。过程科学严谨，贴切绿色产业的发展理念。绿色工业认证是基于绿色产业认证（GIC）实施要求的评估和行业认证计划。目前，MOI还在开发为GIC实施所需的基础设施，如绿色行业审核员、绿色行业认证机构、绿色行业认证委员会和高性能可靠实验室中的技术支持部门。之前的目标是到2016年年底，以上所有基础设施已经做好运行的准备。

二、工业园区基本概况

印尼有232个工业园区，占地78 976 hm²。其中，110个位于爪哇岛西部，19个在爪哇岛中部，其余的散落在爪哇岛之外的地区。但是由于基础设施、水、能源、综合废物管理等建设的困难系数较高，工业地产开发有一定挑战性。

不过，印尼政府已经出台了第六件经济政策文件。文件中工业地产是主要考量对象。此经济政策目标是通过针对区域性优势的方法集中发展一个具有综合潜力的工业区。目前，总共有14个地区工业的发展以原材料的集中为基础。这些部门有石油和天然气、化肥、镍铁冶炼厂、不锈钢、农业、后勤、非木材产品。

（一）工业园区的数量和分布

《2015—2035年全国工业发展总体规划》计划快速促进印尼工业区发展，加快印尼共和国境内工业的布局和分配。政府有责任将经营业务的公司设在工业区（MoI，2015）。这使印尼的工业地产发展更具战略性。印尼对工业用地的需求约为每年1 000 hm²，仅西爪哇岛就有600 hm²（60%）的土地需求。

1. 工业园区

工业园区提供了一种高成本效益的方式来增加对基础设施的利用效率，并确保生产能够高效进行。近年来，这些投资选择已经变得更加有针对性，通常专注于选定的行业，为投资者提供优化生产链所需的资源，公用事业设备和运输网络连接。例如，在爪哇岛之外，工业园区是以自然资源为基础的工业区，并成为新经济增长的主要驱动力。而在爪哇岛，工业园区是基于技术的高度工业区、劳动密集型工业区、面向消费者的行业。

2. 经济特区

印尼的经济特区（SEZ）对外国投资开放，为投资者提供优惠的监管基础设施和税收政策，以便将投资引向特定地区。目前，印尼有9个经济特区，并计划到2019年共建设25个经济特区。

（二）工业园区内企业（综合性或专业性）的组合形式

在国家资源高效利用与清洁生产（RECP）计划中，选择了爪哇岛以外的两个地区和爪哇岛以内的一个地区，分别是望加锡（南苏拉威西岛）、巴淡岛（Riau Islands）和泗水（东爪哇）。这些工业园区内的工业类型是不同的。例如，在望加锡正在进行的主要是由国内资本投资的生产线比较简单的中小规模的项目，而与巴淡岛相比，其主要工业类型是工业程序较为复杂的大中型外资企业。

三、工业园区的政策、管理及技术需求

（一）城市环境可持续发展

工业园区的生态化建设离不开城市环境的可持续发展。印尼政府主张进一步实现环境可持续城市建设，在消费和生产过程中更多地使用环保技术，提高资源使用效率。实现环境的可持续发展，必须在各个层面开展合作，提供丰富的绿色公共服务和绿色基础设施。在管理制度建设层面，印尼虽然参与和签署了相关国际公约与议定书，但仍然任重道远。各部门共同参与、通力协作才是有效推动城市环境可持续发展的关键途径。例如，在城市或者园区，需要按照人口数量和密集程度配套一定比例的供水、供电、固体废物处理、排水和排污设施，并提供相应服务。在城市公共设施建设方面，需要发展节能环保型汽车、电动车，推动与使用快速公交车道。此外，应急处理等基本公共服务也应被充分考虑。在环境监督与管理层面，需要从饮用水、水资源、城市空气质量、噪声、垃圾分类与处理、固体废物处理、废水排放等全过程中形成更为严格的监管。

（二）目前工业园区主要的环境问题和管理问题

目前，印尼的工业园区主要面临以下环境问题和管理问题：

①缺少总体规划；

②没有详细的工业地产开发区域空间规划（RDTR）；

③大部分工业物业管理公司仍然认为环保成本高，而且不能给企业带来盈利；

④工业地区（特别是爪哇岛以外）的能源利用水平较低；

⑤房地产 / 园区内外的环境问题；

⑥开发商所建的工业区面积所占比例高达可用土地总面积的 70%（只有 30%用于基础设施和绿色开放空间）。

因此，印尼的工业园区建设亟须提高在环境保护技术领域的合作，增强园区企业在生产过程中使用环保技术的意识，提高资源的使用效率，降低能源消耗。在资源高效利用方面，需要开发水资源高效利用技术、固体废物循环利用技术；在能源降耗方面，需要推广使用生物质能源等替代能源，开发利用新能源技术；在工业生产方面，要预防和减少空气污染、水污染，降低有毒有害废物排放；在城市可持续发展方面，需要提供供水系统、卫生清洁设备以及污水收集处理系统，提供安全充足的饮用水。以上都是印尼在工业园区生态化建设领域可以广泛开展合作的潜在领域，具有广阔的合作空间。

（三）技术需求

目前在爪哇岛以外有 14 个工业区和工业增长中心。

1. 冶炼行业节能环保技术

作为印尼的上游产业，PT Rusan Sejahtera 公司已经在铁矿开采方面建立了业务。为了增加当地经济和社会整体的经济水平，PT Rusan Sejahtera 公司决定开发铁砂行业的冶炼项目。因此，评估冶炼行业对环境的影响就变得非常重要。在这一点上，节能环保技术在铁砂冶炼中发挥着至关重要的作用。因此，选择低碳产业特别是冶炼行业发展的正确技术才是最好的选择，而最好的方法就是学习其他国家的经验。

中国是愿意将大笔预算（占 GDP 的 2.1%）分配到其研究和创新资金中的国家之一，所以中国的技术得以快速发展和提升。印尼可以吸收和借鉴中国的经验、知识和技术。如印尼有发展冶炼钢厂的计划，但其所掌握的技术并不能支持大规模炼钢。此时，中国大规模炼钢厂的发展经验就可能对印尼有所帮助。明古鲁省考尔市钢铁工厂的建设和技术开发部门已经与中国企业开展合作，并已于2017年向PT Rusan Sejahtera公司（印尼）提供技术转让设备。在2018年，中国也派专家对生产厂进行监督管理。自建设钢铁工厂和开发技术以来，中央政府就按照制定的法律和政策框架，对项目进行监测和评估，记录建设冶炼厂的社会经济成效及环境影响。实践证明，技术转让是成功的，因为它既利用了原有的地方政府结构，又与当地企业（如PT Rusan Sejahtera公司）建立起了密切的合作关系。

2. 工业园区清洁生产技术

中国拥有的技术资源和资本资源，不仅在气候变化、清洁生产、节能环保领域，而且在能源研发领域都可以帮助印尼实现理想目标。而从印尼工业园的角度来看，中国则可以从钢铁行业分享中国关于清洁发展机制方案的经验，这或许也可以作为两国的合作模式之一。此外，中国可以在以下方面为印企提供帮助，例如如何控制印尼工业园区的金属工业或矿物加工工业的废气、固体废物或液体废物等的污染问题。而且，在印尼的工业园区，中国可以开发并提供可再生能源项目。更具体地说，可以在位于印尼明古鲁省的PT Rusan Sejahtera与中国之间建立有关低碳产业的试点项目。根据多年研究结果，印尼在以下方面需要与中国开展国际合作：清洁生产 / 能源审计，推行最佳清洁生产实践，计算资源效率的软件应用，制定绿色产品的标准、绿色和清洁技术标准、方法学标准等。

3. 矿产资源开发技术

印尼位于环太平洋成矿域的西南成矿带，盛产铜、金、镍、铬等金属矿产。中印两国矿产资源的开发合作主要有两种形式：①签署合作协议。例如2013年中色股份与印尼BRMS公司签署了共同开发Dairi铅锌矿的协议。②共建经贸合作区和产业园区。例如，2013年启动的中国—印尼青山工业园区现已建成全球最长的不锈钢产业链，是“一带一路”倡议早期的最重要成果之一；位于苏门答腊岛东海岸占碑省的占碑工业园区，是中国企业主导建设的印尼国家一级开发区，未来或可成为中国优势产业境外转移基地。

第十五章
乌干达

乌干达拥有丰富的可再生能源，如生物能源、水、风和太阳能等。然而，因为其能源潜力尚未得到充分利用，导致乌干达国内只有 15%的人能够使用电力，其中大多数（超过 90%）依靠的是不可持续使用的生物能源，而且只能使用基础技术来满足其能源需求。显然，在乌干达提供可持续能源解决方案对于减轻贫困、加强国家经济和保护环境至关重要。乌干达政府致力于为本国的长期社会、经济和环境发展确保稳定的能源供应。《乌干达共和国宪法》（1995 年）和能源政策（2002 年）都强调了这一点，其目标是“以环境可持续的方式满足乌干达人民对社会和经济发展的能源需求”。

乌干达制定了未来 30 年的发展愿景，即“在未来 30 年里，从贫穷的农业国家转变为繁荣的现代化国家”，并通过国家发展计划（NDP）来落实。乌干达的发展愿景是秉承可持续发展的理念在发展经济的同时保护环境。乌干达有三个“发展投资重点”和两个“基本面”。三个“发展投资重点”指的是农业、旅游、矿物石油和天然气；两个“基本面”指的是基础设施和人力资本开发。

2012 年 5 月，乌干达制定了《2040 年愿景发展战略》，该愿景提出，到 2040 年，乌干达将从一个以农业为主的国家转变为一个以工业为主的国家，国家 GDP 总量将达到 5 805 亿美元，在 6 130 万人口的基础上，实现人均国民收入 9 500 美元，成为中等收入国家。在“愿景 2040”框架下，乌干达出台了 NDP，制定了本国的中期发展方向、发展重点及实施策略，分析了乌干达目前的发展现状、机遇与挑战。乌干达政府计划实施 6 个五年国家发展计划，目前已经实施了 3 个。第一个国家发展计划 （NDP I）的实施周期是从 2010—2011 财政年度至 2014—2015 财政年度，第二个国家发展计划（NDP II）的实施周期是从 2015—2016 财政年度至 2019—2020 财政年度，第三个国家发展计划（NDP III）的实施周期是从 2020—2021 财政年度至 2024—2025 财政年度。

2020 年 1 月 30 日，乌干达议会通过了 NDP III，作为乌干达下一个五年计划（2021—2025 年）。该计划的主题为“工业化包容性增长、就业和可持续的财富创造”。该计划的制订是为了加强乌干达规划、预算和执行预算之间的联系。作为“愿景 2040”的重要抓手之一，乌干达希望借此提升到中等收入国家水平，未来 5 年，乌干达贫困人口比例将从目前的 21.4% 大幅降至 14.2%。工业对 GDP 的贡献率从目前的 18.6% 提高到至少 25%。乌干达的“2025 年目标”要求发展一个充满活力和竞争力的经济体系，在这个经济体系中，工业有多样化的生产模式并且能够生产高质量的出口产品。乌干达已经制订了各种战略和行动计划，以引导国家经济走向可持续发展的道路，提高竞争力，应对全球化的挑战。尽管乌干达为保护自然资源基础和环境已经制定了若干政策、成立了若干机构，但环境污染的情况持续恶化，这既损害了人民的生计，也影响了国家的经济发展。乌干达人民的生活质量与良好的自然资源管理密不可分，因此，政府对于自然资源管理的监督和立法是确保善治和经济发展的核心内容。

除了 NDP III，乌干达还颁布了《国家生物安全法案》《国家农业研究法案》《国家环境法规》《乌干达专利法》等。另外，乌干达计划为投资局设立“一站式”服务中心。该中心将采取包括注册局、税务局、环境管理局等多个政府部门联合办公的模式，让投资者最多只需 3 天便可办好注册营业所需的全部手续。此外，乌干达还成立了乌干达国家标准局和乌干达统计局。这些政策举措推动着国家的科技创新发展，为乌干达环境保护工作的推进建立了良好的制度保障。

一、节能环保及生态工业政策法规

乌干达目前所面临的环境挑战主要包括：工业垃圾和生活垃圾的排放造成的水源污染；森林砍伐；脆弱的湿地、河岸、湖滨带等生态系统受到侵蚀；石油和天然气、城市垃圾、市（镇）议会产生的废物的处理；采砂、采金等不规范的采矿活动；由气候变化引起的山体滑坡、水土流失、洪涝灾害、泥沙淤积等自然灾害。

为了应对环境问题，乌干达先后出台了一系列政策法规，构建了相关的法律框架，1995 年颁布实施了《乌干达共和国宪法》《国家环境政策》及《国家环境法》。乌干达还成立了国家环境管理局（NEMA），对国内的环境进行统一管理，如协调、监督、检测和调节环境开发活动。NEMA 与其他环境管理方面的领导机构合作展开工作；各部、各司和其他单位，地方区级政府通过分散式机制加强其法定职能。目前，正在审议 1995 年制定的 NEMP 和 NEA，增加了有关石油和天然气管理等新议题。乌干达也是多个全球环境公约和议定书的签约国之一。

（一）生态环境管理部门及其职能

乌干达国内负责环境保护、能源节约、气候变化及资源高效利用与清洁生产相关的主管机构及其负责的主要职能如表 15-1 所示。

表 15-1　乌干达生态环境管理部门及其职能

领域	机构	下级部门	主要职能
环境保护	水资源与环境部	国家环境管理局	国家环境管理局负责规范相关的职能与活动，重点负责现存环境管理的法律和机构框架的执行与实施；负责监督所有环境保护项目的实施和相关国家与地方政府机构的活动

领域	机构	下级部门	主要职能
能源节约	能源和矿物发展部	能源效率和节约司	保证在国民经济的各部门对能源的有效利用，包括工业、商业设施和建筑、科研机构、居民家庭、交通和农业； 建立相关机制与激励措施，鼓励乌干达私有企业提高能源利用效率与能源节约； 设计并实施相关项目，促进乌干达各经济部门能源的有效利用与节约
气候变化	水资源与环境部	气候变化司	保证《联合国气候变化框架公约》和《京都议定书》的实施； 加强技术、实践和相关处理方式的发展、应用和传播，包括控制、减少在相关领域（如能源、交通、工业、农业、林业和废物管理方面）的温室气体的排放
资源高效利用与清洁生产	乌干达清洁生产中心	—	乌干达国内负责推广高效资源利用与清洁生产相关概念和活动的主要机构； 通过工业内的政策评估带来的训练、传播和相关项目的实施，提高自给自足的高效资源利用和清洁生产能力； 推广高效能源利用和清洁生产的原则；比如，对一项综合预防方式的持续应用，以此提高生态友好，减少对人和自然的危害； 推广可持续能源利用与生产的实践；比如，在使用满足生活需要、改善生活品质的服务和相关产品的同时，最低限度地使用自然资源和有毒物质，尽量少地排放废气和污染物，以不影响下一代的生活； 提升乌干达公司的生产力和环境保护的表现，提高其在国内和国际市场上的长期竞争力

（二）政策法规

1.《能源与气候变化法》（2017 年）

《能源与气候变化法》（2017 年）是乌干达生态环境相关的一部法规，该法规定了执行、环境许可、废弃物、污染土地、监管机构权力、报告披露义务、排放交易和气候变化等相关法规。环境管理标准在《国家环境法》和《水资源法》的各项规定中都有明确的指示。以上法令已作出相关规定，相关单位及个人必须遵守有关规定，如有违反，将接受规定的各种违法行为后果和处罚。

乌干达国家气候变化政策规定了缓解气候变化行动的关键部门为农业、林业、能源、运输、废物处理和加工业。该政策要求“乌干达通过尽快署名同意巴黎协议，表现出对减缓和适应气候变化的真正承诺”，“启动新的跟踪和库存系统，指导决策者们采取最有效的措施来应对温室气体和气候变化，乌干达经济增长的同时，要关注燃气”。

2.《国家环境（湿地，河岸和湖岸）管理条例》（2000 年）

影响湿地、河岸和湖岸的经济活动由 NEMA 在 2000 年的《国家环境（湿地，河岸和湖岸）管理条例》下进行管理。根据这些条例，NEMA 局长有权规定国家特别保护的湿地的入选标准，以及宣称各湿地的国际重要性。NEMA 局长的声明必须说明湿地是否是一个完全受保护的湿地、一个部分受保护的湿地或由当地社区保护。

与使用河岸和湖岸有关的活动需要许可证。此外，条例附表六中所列河流的最高水位至少有 100 m 的保护区，其他河流的保护区距河流最高水位至少 30 m。条例附表七中所指明的湖泊湖岸，规定由低水位开始计算至少有 200 m 的保护区，其他湖岸有一个距离低水位 100 m 的保护区。

3.《国家环境（臭氧消耗物质和产品管理）条例》（2001 年）

臭氧消耗物质和产品管理于 1987 年颁布，修订多次的《关于消耗臭氧层物质的蒙特利尔议定书》（以下简称《议定书》）的国际管制。乌干达通过颁布 2001 年《国家环境（臭氧消耗物质和产品管理）条例》来确保“议定书”的实施。该条例的主要目标：管理受控物质和产品的生产，贸易和使用；建立一个数据收集系统，以便于遵守“议定书”中规定的相关报告要求；提倡使用臭氧层友好的物质、产品、设备和技术；并确保有序地生产和消灭对臭氧层不友好的物质。

4.《国家森林政策和计划》（2001年）

《国家森林政策和计划》是乌干达在可持续发展方面的重要政策文件。乌干达的森林资源有助于消除贫困、创造财富和实现国家现代化。乌干达迫切需要开发新的森林资源和恢复退化地区。保持森林覆盖率将有助于保护生物多样性，并提供重要的水土保护等生态服务。通过发展乌干达林业可以造福人民，政府正在帮助乌干达实现发展的大众共同利益，以及促进各个群体和地方的包容意识。乌干达的目标是建立一个“森林覆盖率高、生态稳定、经济繁荣的国家”。新的林业政策的制定是为了为这一目标指明新的政治方向。上述目标的实现意味着乌干达将拥有可持续管理的森林资源，并提供生态和社会服务，为乌干达当今及以后生产经济产品，并为全球社会作出贡献。在实施这项政策时，需要将资源的高效利用和高效生产纳入主流，并着重优化自然资源的生产性使用和环境管理。

5. 工业化战略

该战略表现出来的意图是把工业部门建设成一个充分融入国内、国际区域和全球经济体系的现代、有竞争力和活力的部门。战略主要侧重改善基础设施建设，实现高效的工业化计划，鼓励和促进创新创业，调整和采用最佳管理办法，以求提高竞争力，创建一个能够支持公共部门和私营部门共同参与发展科技竞争力的框架。

6.《国家环境（废物管理）条例》（1999年）

乌干达没有针对清洁生产出台的法律法规。但是，乌干达政府充分认识到需要采取及时有效的纠正性措施来扭转污染日益严重的趋势，保护环境，确保可持续发展。另外，乌干达政府于1996年与联合国工业发展组织（以下简称工发组织）合作，于2001年建立了国家环境管理局，并于2001年建立了乌干达清洁生产中心。清洁生产中心的使命是通过能力建设和提高认识，来进行信息传播、培训、厂内评估与实施、转让无害环境技术来促进和实施资源节约与清洁生产。

《国家环境（废物管理）条例》（1999年）中规定，拥有或运营产生废物的设施或场所的人必须尽量减少采用清洁生产方法所产生的废物。《国家环境（废物管理）条例》（1999 年）要求工业采用以下清洁生产方法：

①通过节约原材料和能源，减少有毒原料的使用，降低有毒废气和废物排放，改善生产过程；

②始终监控产品周期，找到并消除产品的潜在负面影响，尽可能地回收和使用可以循环利用的产品；

③将环境问题纳入产品的设计和处置过程。

7. 可再生能源政策

能源部门的主要政策目标是以环境可持续的方式满足乌干达人民对社会和经济发展的能源需求。在乌干达政府政策规划中，可再生能源在国民经济中的目标是使现代可再生能源成为国家能源消耗的重要组成部分。为实现这一愿景，乌干达的可再生能源政策的目标是将现代可再生能源的使用量从目前的 4%增至 2017 年的总能源消耗的 61%。

8.《乌干达电力法案》（1999 年）

《能源（电力）保护条例》由电力监管机构制定。该条例为设立电力监管局的措施提供参考；保障其职能、权利和管理；为发电、输电、配电、销售和使用提供电力；提供工厂和设备以及有关安全的事宜；放宽和引入电力行业的竞争；废除“电力法”；为乌干达电力局提供后继公司和相关目标。

9. 节能环保标准

在乌干达，有关能源标准的主要标准是最低能效标准（MEPS）。乌干达能源和矿物开发部与乌干达国家标准局合作，启动了最低能效标准计划，通过了 5 个选定的电器（空调、照明电器、电动马达、冰柜和冰箱）的能效标准。同时推广节能的概念。

乌干达目前还没有专门的清洁生产标准。但是乌干达清洁生产中心正在与贸易部合作，与乌干达工业和合作社联合为乌干达的微型和中小型企业提出清洁生产标准。

二、工业园区基本概况

（一）国家推行工业园区建设的迫切需求

为加快工业化发展步伐，乌干达政府将在全国每个区中心城市开发建设一个工业园区，为投资者提供水、电等必要的辅助设施。乌干达能源部将为建设这些工业园区提供充足的资源。目前，乌干达政府在全国范围内建设至少 21 个工业和商业园（IBP），主要目标是为当地创造就业机会和进行原材料增值。在这些工作场所创造出新的就业机会，使得公民获得新的制造业和其他技能，同时增加新产品的贸易，改善已经生产的产品。

乌干达的经济长期因进口超过出口而遭受很大的损失，导致了巨大的贸易逆差。这一方面可以为本国市场生产所需的产品，另一方面也可以用于出口。乌干达总统在 2007 年提出要建设一个综合、独立、自给自足的经济体系。在此之前，乌干达仍在出口 400 万袋未加工的咖啡、2 万包未加工的棉花，仍然从南非进口加工过的果汁、1 000 万 t 香蕉，而其中 40%将会腐烂。每天有 8 万 L 牛奶被倒掉。

因此，总统向财政部规划委员会提出了如下建议：为阿鲁阿、里拉、古鲁、索罗提、莫罗托、姆巴莱、托罗罗、伊加加、金贾、马萨卡、卢瓦罗 - 纳卡塞克、纳卡松戈拉、姆巴拉拉、补森伊、卡巴莱、卡赛、堡垒、Hoima、Rakai 和 Mubende 等城镇各开发一个工业园区。这些城镇将得到一块面积达 500 英亩的土地，并为每个将要建立的工厂提供道路、电力和水，并将土地分成约 5 英亩土地的地块，招募工厂入区。这些工厂必须兼容且分类，如食品工厂不应该与服装工厂混在一起。每个城镇的这 500 英亩的土地最好分成 3 个或更多组别：一个用于食品工业园区；一个用于服装制造业，如服装和鞋子；另一个则用于工程和电子产品研发，如钢滚装配、电脑组装等。

总统提出的许多行业都是以自然资源为基础的。但是除此之外，也有依赖于技术工人的工程行业（如金属制造业，机械零部件制造业，电子行业等）

以及潜在的大型互联网外包行业。这些工厂将由财政部和乌干达投资局征选、鼓励和协助的私营部门建设。

（二）已建和在建工业园区概况

乌干达国内目前已建和在建的工业园区情况如表 15-2 和表 15-3 所示。

表 15-2　乌干达现有的工业园区概况

工业园区	地点	规模	工业部门
坎帕拉工业和商业园	坎帕拉以东 11 km	2 200 英亩	水泥制造、化肥制造、钢铁制造、鱼类加工、粮食加工、涂料、塑料回收、食品饮料、铝业制造、电池制造、化学制造等
卢齐拉工业园	坎帕拉以东 5 km	70 英亩	
Bweyogerere 工业村	坎帕拉东北部 10 km	45 英亩	

表 15-3　乌干达在建的北部工业园区分布及主要行业

序号	地区	主要行业
1	Arua	蜂蜜加工、水果加工、咖啡加工、纺织品，尼罗河流域推广的水产养殖以及后续的水产加工
2	Lira	纺织品、木薯加工、油籽加工（包括莫亚油），该地区众多沼泽地区的水产养殖以及后续的水产加工业
3	Gulu	水果加工、大米加工、油籽加工和糖加工
4	Soroti	该地区众多沼泽地区的水果加工、乳品加工、皮革加工、水产养殖以及后续的水产加工
5	Moroto	水泥制造、绿色大理石抛光、芦荟和草药加工、阿拉伯胶加工、乳制品、水果尤其是葡萄加工和皮革加工业
6	Mbale	粮食尤其是小麦加工、水果加工、乳品加工和咖啡加工
7	Tororo	水泥制造业、肥料制造业、该地区铁矿石的钢铁制造业、布西亚地区的黄金加工业、卢米诺地区的鱼加工业、土地碎片化以后的种植业
8	Iganga	水果加工、乳品加工、鱼类养殖和加工，发展布索加沼泽鱼类养殖
9	Jinja	发展镇区议会所在地的工业园区，已经发展了轧钢、磨谷、植物油工业、皮革加工

序号	地区	主要行业
10	Masaka	Lweera 地区的水果加工、鱼类养殖和加工、猪肉加工、茶叶加工、牛肉业
11	Luwero	Nakaseke 地区的番茄加工、水果加工、乳制品冷藏、鱼类养殖和加工、家禽养殖、奶牛养殖和加工
12	Nakasongola	纺织、军工、养鱼业和乳品业
13	Mbarara	乳制品业、牛肉业、皮革业、香蕉加工业、木材业（裸山上的工业林业）；水果加工、丝绸加工养殖、蜂蜜加工等
14	Bushenyi	丝绸生产加工、茶叶加工（在 Kyamuhunga 和 Buhweju）、木材工业、香蕉加工（Nyaruzinga）、发展水产和水产加工，而不是通过沼泽排水来发展农作物和养牛业而破坏环境
15	Kabale	养殖加工、奶牛养殖加工、花卉种植和出口、温带水果加工、除虫菊杀虫剂加工、互联网劳务外包等
16	Kasese	水果加工，水泥生产，钴、铜加工，乳业，旅游，水产加工
17	Fortportal	乳品加工、茶叶加工、水果加工、木材加工、可可加工（Bundibugyo 地区）、香草加工、磨谷（Kamwenge）等
18	Rakai	L. Victoria 附近的糖业、水产养殖和加工；水果种植和加工、蜂蜜加工，丝绸生产加工和奶牛养殖加工等
19	Mubende	茶叶种植和加工、咖啡种植和加工、乳品加工、谷物加工（如 Kasambya 地区，考虑到每个家庭的土地足够进行玉米种植）、水果加工，豆类、洋葱等
20	Hoima	炼油厂，烟草工厂，糖加工、L. Albert 的水产加工、大米加工等
21	Kampala	在坎帕拉已经有一些工业区，如 Bugolobi、Ntinda、Nakawa、Luzira、Nalukolongo、Kawempe 和 Namanve。应该开发 Nsimbe Estates、Seeta、Bweyogerere 等工业区。乌干达投资局的任务是继续从私人土地所有者那里以合适的价格购买土地，以建立一个以工业发展为目的的土地储备。这些工厂除了加工业之外，应该都是轻工业类型，如金属制造、机械制造、电子、垃圾处理等

三、工业发展的政策、管理及技术需求

由于乌干达的工业园区大多仍处于建设中，尚未形成完整的管理体系，产业链还不完善，技术研发处于起步阶段，本节仅围绕该国工业发展的政策、管理及技术需求展开阐述。

（一）全面推进工业化进程

乌干达过去30年的经济增长主要是靠服务业拉动的，而工业和制造业却没有得到发展。制造业增长乏力的一个后果就是使得国家的整体经济更脆弱和缺乏灵活性。现在乌干达已经将工业化确定为实现独立、互相依存和可持续发展经济的一条重要途径，因为唯有这样才能创造就业和带动增长。工业发展也成为乌干达社会和经济发展规划，即“愿景2040”的重要组成部分。2017年，乌干达开始全面推进工业化进程。

早在2008年，乌干达就颁布了国家产业政策，制定了未来10年甚至更长时期内工业发展的战略方向。该产业政策旨在解决制约乌干达工业发展的关键因素并重点推进优先发展领域。这项政策指出了制约乌干达工业发展的主要因素，分别是水力发电能力不足、交通基础设施薄弱和制度框架的不健全。该政策同时提出在以下4个方面着力发展国内工业：

①开发和利用国内自然资源型产业，比如石油、水泥和化肥工业；大力推进使用当地原材料的具有竞争力的产业。

②发展农产品加工业，尤其侧重食品加工；同时发展制造业，包括皮革和皮革制品、纺织品和服装、糖类、奶制品以及能够增值并且出口的产品。

③发展以知识为基础的产业，如信息与通信技术、呼叫中心和生物制药，从而充分利用科学、技术和创新领域的前沿知识。

④培养和发展能够运用生产资料生产农具、建筑材料的制造者和家庭小手工业。

但由于乌干达的此项产业政策缺乏战略引领和完善的制度体系，在构思和制定该政策的过程中没有广泛咨询和征求行业利益相关人士的看法和意

见，因此实施的效果并不理想。

此外，乌干达在工业发展进程中面临着一系列重大挑战，比如，基础设施发展不足，尤其是电力、铁路、公路、信息和通信技术及人力资源等未得到有效开发。乌干达在工业发展中极为缺乏专业技术人员，没有足够的焊接工、机械操作人员和技术人员，工艺技术也较为落后。亟须培育本地产业，提高自动化水平以实现芝麻、咖啡和铁矿石等原材料的增值。由此可见，即使经济开始复苏，如果不设法弥补其在技术方面的欠缺，乌干达仍无法全面实现工业化。

（二）“一带一路”需求

乌干达是联合国公布的世界最不发达国家之一，国民经济主要以农牧业为主，工业基础较为薄弱，但经济近 10 年来持续增长。由于其国内资源和能源难以满足自身需求，对外进口依赖较重，因而迫切需要吸引外商投资，提高本国的工业化水平。目前，中国是乌干达的第一大投资来源国和第一大工程承包方。

非洲是建设“一带一路”的重要方向和落脚点，乌干达是非洲国家中政治相对稳定的国家，与中国友谊深厚，是中国在非洲的重要合作伙伴。乌干达政商界对同中国的经贸合作怀有较高期望，希望更多的中资企业到乌干达投资，帮助乌国推动经济快速发展。乌干达政府认为，中国的“一带一路”倡议为中乌经贸合作提供了有利契机，有助于推动两国合作利益最大化，为两国人民谋取更大福利。更为重要的是，中乌扩大经贸合作不仅能够帮助解决当地就业问题，还可以推动乌干达的农业和工业发展。

中非经济高度互补，乌干达提出推进工业化发展目标，这与我国加快“一带一路”建设、推进国际产能合作的愿望高度契合。乌干达政局相对稳定，市场化程度高，劳动力成本低、本地市场购买力强，适合轻工业特别是劳动密集型产业发展。区位优势突出，在当地生产的多数产品出口欧美等发达国家（地区）市场有免配额、零关税优惠。此外，乌干达外汇流动自由、税收优惠、投资政策宽松、劳动力素质高。企业在乌干达投资可享受“一站式”

服务，还可把贸易机会扩大至东南非共同市场（COMESA）、东非共同体（EAC）和南部非洲发展共同体（SADC）3 个自由贸易区覆盖的 57% 非洲大陆、27 个国家、6.32 亿人口的大市场。

自中国与乌干达的关系上升到战略伙伴关系高度以来，中国已成为乌干达最重要的发展合作伙伴。根据乌干达投资局统计数据，2017—2018 财年，来自中国的投资额占乌干达所有外国直接投资总额的 40%，目前是乌干达第一投资来源国，乌干达国内几乎所有重大基础设施项目都得到了中国政府的资金支持，这些项目需要投入的资金超过了 25 亿美元。

以上利好政策都为中国企业"走出去"提供了便利条件，也使得乌干达成为中国"园区出海"的首选。因为乌干达尚处于工业化的初级阶段，对来自中国的产能承接需求较大，政府政策对以出口为导向的制造加工业具有较强偏好。此外，作为"一带一路"沿线国家，乌干达本身具有承接产业转移和产能合作的资源基础和技术禀赋，加之双边产业的互补程度较高，易于在共同开发工业园区上达成共识。

境外经贸合作区是中资企业投资非洲的重要平台，中国已经在乌干达投资建设了部分工业园区。从发展经验来看，中资境外工业园区在形成海外集聚、提高与当地政府对话话语权、维护企业合法权益等方面发挥了不可替代的作用。乌干达辽沈工业园是在乌干达总统穆塞韦尼和中国辽宁省人民政府的支持和积极推动下，由乌干达财政部和中国辽宁省外经贸厅正式授权，由乌干达张氏集团投资开发并运营管理的乌干达国家级工业园区，一期园区面积 2.6 km^2，二期园区面积 2 km^2。园区以汽车制造及组装、汽车配件、家用电器、建材、轻工业、纺织、农产品加工及食品等产业为主导，利用乌干达当地丰富的资源和出口免税政策，面向 2 亿人口的东部非洲市场，辐射整个欧美地区及中国的广阔市场，输出中国成熟的生产技术和管理经验，打造集加工、制造、销售、进出口于一体的国际化工业园区。该园区获得了乌干达政府给予的进口原材料免税、入园企业所得税 10 年免税、再投资部分全额免税等独有优惠政策。园区还设立了由海关、税务等乌干达当地政府职能部门统一进驻的"一站式"服务中心，为入园企业提供专属、便捷的服务。

（三）支柱产业发展需求

1. 电力需求

乌干达的电力是阻碍其工业化的主要“瓶颈”之一。2006 年，电力严重不足导致乌干达为实现工业化所做的努力无法付诸实施。2012 年，耗资 9 亿美元的布贾加利水利枢纽工程正式开通，为国家电网增加了 250 MW 的电力供应，使能源供应终于趋于稳定。虽然在 2018 年暂时出现了电力供应过剩的现象，但乌干达仍亟须推进更多的电力项目。制造业的需求疲软对用电的低覆盖率并没有起到弥补作用，乌干达的用电覆盖率仅为 20%。虽然过去曾进行过大规模的农村电气化运动，现在过剩的电力也达到了 250 MW，但数百万乌干达人仍然没能用上电。

据统计，乌干达国内工业对发电量的消耗占到了 70%。因此，当更多的工业产业发展起来时，对电力的有效需求会成倍地增长。政府已经针对一些即将开工的项目进行了需求预测，包括标准轨距铁路、纳曼威工业园、坎帕拉轻轨、伊甘加工业园、乌苏鲁磷肥厂以及不断发展壮大的城市化规模。

乌干达石油储量丰富的艾伯丁地区也将会有更多的电力需求。运输石油到坦桑尼亚坦噶港的输油管道将是世界上最大的电加热管道之一。此外，炼油厂、霍马国际机场和霍马工业园也都位于该产油区。

2. 可再生能源需求

为缓解电力供用不足的压力，乌干达将可再生能源作为工业化的动力。乌干达的可再生能源发电量占全国电力总装机容量的 71.3%（水电占 61.2%），主要利用的可再生能源包括水能、太阳能和地热能。水力发电占上网电量的 92%（火电占 8%）。乌干达现在还有许多可再生能源项目，如新建的布贾卡利水电站，该大坝位于金贾市，设计发电量为 250 MW。其他计划还包括政策、立法和制度框架，如农村能源转型、太阳能补贴项目、可再生能源项目和节能推广等。虽然乌干达政府针对可再生能源推行了一系列举措，但在其政策制定、资源开发、技术研发、转化应用方面仍存在较大的需求，亟须开展合作与交流。

根据乌干达能源部提供的信息，近年来乌干达对太阳能的利用一直在加强。现在全国各地有200多家私营公司都在销售离网发电装备，而且由于需求量激增，预计未来这一现象还将呈上升的趋势。政府对此提供了优惠政策，比如对太阳能产品取消进口关税。

其中刚刚加入但却最具实力的就是MKOPA太阳能公司。整个系统包括2个灯泡、1个电池、1个无线电手机充电器、1个手电筒和1个10 W的太阳能板。如果现金购买的话，售价为65万先令（约200美元）。太阳能系统基本上可以满足大多数住宅对于照明和给手机充电的需求。

除了太阳能，乌干达还计划开发风能。根据乌干达2007年制定的可再生能源政策，并且利用从国家气象部门收集到的有关风的数据，可以得出结论，在乌干达开展风能发电是可行且资源充足的。此外，政府也在农村的耕作地区推广使用沼气。

3. 钢铁行业需求

乌干达西南部地区拥有大量未开采的铁矿床，部分矿区的铁品位甚至超过了90%，平均铁品位约为68%，大部分为高品位铁矿石。该国的铁矿石储量达50亿t，而每年的利用量仅为1.65万t，这是由于铁矿石中的杂质需要大量的煤炭或天然气还原后才被去除。2004年以前，乌干达国内并没有大规模的铁矿开采活动，这是因为政府没有颁发采矿许可证。2005—2011年，铁矿石的开采量从209 t猛增至2 134 t，主要向中国出口。作为发展中国家，乌干达自身没有能力进行矿产资源的开发，因此乌干达政府正大力支持并鼓励国外投资者涉足矿床的勘探与开采。乌干达国内钢铁年产能总量为100万t，产能利用率为50.17%，钢铁产品年均产量达16万t，主要包括波纹钢板、线材、钢筋、螺钉、钢链、刺铁丝、钢丝网、角钢、空心型钢和Z型钢等，大部分在本国销售，占比达70%，其余销往肯尼亚、卢旺达、布隆迪、坦桑尼亚、刚果、南苏丹等市场。

为实现“愿景2040”的目标，乌干达已将工业化确定为实现独立、互相依存和可持续发展经济的一条重要途径，唯有这样才能创造就业和带动增长，而完善并发展钢铁工业也是当务之急。完善的钢铁工业体系是工业化的支柱。然而，乌干达国内仅有少数几家中小型电炉钢铁企业，钢铁工业尚处于起步阶段。乌干达钢铁工业的主要问题：一是原料短缺，生产效率低下，产品质量不高。由于大量采用廉价的废钢原料，加之乌干达国内缺乏统一的产品标准，化学成分不达标直接影响了产品的机械性能。二是由于轧制设备老化、故障频发，导致产能利用率偏低。三是电力负载波动或电力供应短缺造成停电频发，也对连铸工艺产生了不良影响。四是由于不能严格控制产品质量，产品并不能完全满足本土基建项目的要求，更是难以达到出口品质。五是钢铁从业人员普遍缺乏必要的技能培训，业务能力长期得不到有效提升，能力建设有待加强。以上钢铁行业发展的（瓶颈）严重制约了钢铁生产效率、产能利用率、产品多样性及企业的长远发展。

乌干达坐拥高品位铁矿资源，在加工方面需要一定投入，而乌干达政府也尝试通过一系列激励措施，鼓励私人投资方参与综合钢铁厂建设，并对企业扩产计划实施必要的援助。"一带一路"倡议为中资企业开展国际产能合作提供了新机遇。在乌干达国内公共资金短缺、私人投资不足的现状下，中资企业助力乌干达基础设施建设，同时向乌干达输出钢铁产能，不仅推动了乌干达社会向工业化转型，也为未来进一步开展与乌干达的合作奠定了坚实基础。

总体而言，乌干达钢铁工业的优势是丰富的高品位铁矿资源、辐射周边各国的战略地理位置；机会是快速的城镇化发展和基建项目带动了钢材需求；劣势是缺乏冶金煤资源，电力和能源成本高，过度依赖进口原料及生产设备技术，矿产开发进展缓慢，缺乏技能娴熟的人力资源，产品品质不高；面对的主要威胁是基建项目进展缓慢、低价进口半成品冲击及缺乏财政支持。

（四）工业共生需求

乌干达现有的市政固体废物处理设施包括国内的12座固体垃圾堆肥场。目前，堆肥场所在城市的60% ～ 70% 的固体垃圾通过安全处理和堆肥形成了有机肥料，这些有机肥料可用于提高土壤肥力和农业生产力，以保证粮食安全和家庭收入。在这 12 座城市中，有 9 座城市已经引入了清洁发展机制制度。但是对于工业共生，即某一生产过程的废物可以用作另一生产过程的原料，从而最高效地利用资源和最大限度地减少工业废物，从工业源头上将污染物排放量减至最低，实现区域清洁生产，推动城市可持续发展，这些措施是远远不够的。

乌干达清洁生产中心曾经与非洲可持续消费和生产圆桌会议以及其他 6 个非洲国家合作，通过促进工业共生，在欧盟转变非洲绿色（Switch Africa Green）项目指导下实施“关于提高 6 个非洲国家中小微企业资源生产率”的试点项目。21 个月的项目实施得出的经验表明，在以下方面存在广泛的合作机遇：加强乌干达清洁生产中心的机构能力建设，以增强资源高效利用和工业共生研究的能力与技术；工业共生关系的实施涉及采购合适的（绿色）技术，如可将废物转化为有用副产品的机器和设备，在乌干达一些选定的工业共生协同项目需要这些设备，乌干达清洁生产中心需要与中国国家能源委员会密切合作，来获得所需的机器和设备，以及支持资源高效利用和清洁生产投资的资金与技术能力。

第十六章
罗马尼亚

罗马尼亚位于东南欧巴尔干半岛东北部，国土面积 23.84 万 km^2，人口约 2 200 万人，自然条件优越，资源丰富，因其劳动力、土地、税收等方面的优势，成为中东欧地区最具吸引力的投资目的地之一。作为欧盟成员国，罗马尼亚是中国同中东欧国家乃至欧洲合作的支点之一，是重要的“一带一路”沿线国家。

在“一带一路”建设中，中东欧地区具有重要地位。中国—中东欧“16+1”合作机制是中国与“一带一路”沿线的中东欧 16 个国家在 2012 年建立的合作机制。2019 年 4 月，希腊成为中国—中东欧国家合作机制的正式成员，“16+1”升级为“17+1”。中国—中东欧国家合作已开展了 7 年时间，积累了一系列成功经验，为“一带一路”倡议在该地区的实施奠定了一定的基础，甚至可以发挥向“一带一路”沿线的其他地区推广经验和产生辐射效应的积极作用。

2015 年，中罗两国在经济联委会框架下签署了推进“一带一路”建设的谅解备忘录，罗马尼亚成为首批与中国签署类似协议的国家。截至 2016 年年底，中国在罗马尼亚累计投资 3.92 亿美元，罗马尼亚成为中国在中东欧地区投资最多的国家。随着“一带一路”建设的持续推进和中国—中东欧“17+1”合作的不断深化，中罗各项合作将更进一步，合作领域将不断拓宽。

2018 年 9 月，中国—中东欧国家环保合作部长级会议上通过了《关于中国—中东欧国家环境保护合作的框架文件》，并启动了“16+1”环保合作机制。中国和中东欧国家将协同各自国家战略，积极参与“一带一路”倡议下的有关环保合作，包括加强生态环境保护和应对气候变化战略对接，共同加入“一带一路”绿色发展国际联盟，推动政策法规对话和技术标准对接以及积极推进环保产业合作。

一、节能环保及生态工业政策法规

（一）生态环境管理部门及其职能

1. 环境、水务和森林部

罗马尼亚环保管理部门主要是罗马尼亚环境、水务和森林部，下设国家环境保护署、国家环境卫队等机构和多瑙河三角洲生物栖息地管理署。环境、水务和森林部负责政策制定与宏观管理。国家环境保护署负责环保法规政策实施、战略性环境规划、环境状况监测、批准可能对环境造成影响的活动，在国家和地方层面推行立法和环境保护政策，向欧盟环境署报告有关大气质量、气候变化、保护区、土壤污染和水的情况。国家环境保护署颁发的许可证包括环境许可、涉及各类计划和方案的环境许可以及综合环境许可等。国家环境卫队负责环保执法。多瑙河三角洲生物栖息地管理署负责多瑙河三角洲地区的环保稽查和执法。

2. 环境与气候变化部（MECC）

自 2013 年 4 月 1 日起，环境与气候变化部是负责管理罗马尼亚国家温室气体系统的主管部门。MECC 还通过年度国家温室气体排放清单以及与气候变化有关的各个方面，来负责温室气体排放量的估算。

3. 国家环境监察总局（Garda de Mediu）

国家环境监察总局是直接执行环境保护法律的机构。其定期对公司和其他机构进行环境检查，并可以对危害环境的行为进行制裁。

4. 能源部

能源部负责管理清洁能源部门，确保将欧盟法规应用到罗马尼亚的立法之中，同时也肩负制定关于罗马尼亚能源战略的责任。

5. 国家能源管理署

国家能源管理署有责任管控能源市场和执行有关能源效率的法律。

（二）政策法规

罗马尼亚主要环保法规是《关于批准2005年第195号〈环境保护政府紧急法令〉的法律》（2006年第265号，以下简称《环境保护法》），其他还包括污染控制、废物处理、空气质量、水质量、森林保护等专项法规。加入欧盟后，罗马尼亚积极实施欧盟环保方面的相关规定，其立法和政策制定完全符合欧洲环保和节能的立法标准，并已将多项欧盟指令转化为国内法，涉及防止与控制污染、评估公共和私人项目对环境的影响、保护野生鸟类、保护自然栖息地、野生动植物等。此外，罗马尼亚积极落实有关环境保护和气候变化的国际公约。

此外，罗马尼亚《森林法》（2008年第238号）、《动物福利法》（2004年第205号）、《保护植物新品种法》（1998年第255号）、《有关大气保护的政府紧急法令》（2000年第243号）、《水体法》（1996年第107号）及其修正案中有关实施环境保护的技术标准和违规处罚等规定基本与欧盟相关规定保持一致。

1.《环境保护法》

罗马尼亚《环境保护法》对环境法的目的、任务和对象，国家环境基本政策、原则和制度，环境管理机构，以及环境法律关系主体的权利、义务及法律责任等做出原则性规定，而且设有法律责任的条款，如触犯法律但尚未触犯刑法的，自然人将被处以7 500～15 000列伊的罚款，法人将被处以5万～10万列伊的罚款，如触犯刑法构成犯罪，危害到人、动物和植物的生命安全的，将被处以3个月的徒刑和3万～6万列伊的罚款。由此可见，罗马尼亚《环境保护法》的内容较为详细，并对执行的有关程序作了规定。因此，罗马尼亚《环境保护法》是一部以政策性、原则性规定为主，辅之以具体和程序规定比较便于执行的环境保护基本法。

为统一协调和领导环境保护工作，罗马尼亚《环境保护法》还规定设立环境保护全国理事会的中央机构。该理事会具有广泛的代表性，由部长会议领导。法律明确规定环境管理机构的人员结构。作为中央级的环境保护全国理事会有权依法对其他中央机构发指示，令其制订工作范围内的环境保护计划，并行使批准各中央行政机构所制定的有关环境保护标准的法令的权利。

2.《新能源法案》

为鼓励可再生能源的发展，罗马尼亚于2008年10月颁布了《新能源法案》，即220/2008法案，欧盟于2011年7月正式批准通过了罗马尼亚的220/2008法案，2011年10月，220/2008法案在罗马尼亚正式生效。

根据该法案，计划到2020年，罗马尼亚可再生能源生产的电力消耗占全部电力消耗的比重将达到38%，可再生能源消耗在全国总体能源最终消耗的目标比例为24%。

220/2008法案规定，对于在罗马尼亚投资清洁能源的投资者给予绿色证书补贴，绿色证书由罗马尼亚国家能源局（SEN）签发，罗马尼亚国家能源规划局（ANRE）进行统一管理。可再生能源的电力生产商和供应商可在电力交易中心的市场或双方订立合同来交易绿色证书。对风电和光伏的绿色证书补贴额度如下：

① 220/2008法案规定，电力供应商和电力生产商需要每年购买一定数量的绿色证书以满足确定的年度强制性绿色证书采购配额后，方可出售电力。

②根据罗马尼亚能源规划局2011年2月18日发布的第8号令——关于2011年绿色证书交易的限价规定，2011年每张绿色证书的交易价格限定为27.567～56.155欧元。2011年，电力市场上绿色证书的平均价格为55欧元。

3. 气候变化战略

罗马尼亚第一个短期国家气候变化战略和2005—2007年国家行动计划的主要目标是确保本国遵守国际协约，制定若干自愿措施来降低经济行为中的碳排放强度，采取适应措施应对气候变化的影响，以及在不影响经济竞争力的前提下参与到“碳交易”（Carbon trade）的灵活机制之中。该战略升级为“2013—2020年国家应对气候变化战略”，以便整合各个部门的方针，即“2011—2020年国家行动计划”概述了运行机制；“2007—2020年能源战略”提出了能源部门现代化、加强创新和使用可再生能源的战略。此外，2004 年，环境部颁布了一项法律，要求国家气象局对气象和气候进行测量和研究。第一个国家温室气体清单系统已于 2007 年建立，由环境与气候变化部负责协调管理。罗马尼亚制定了“2013—2020—2030 年国家可持续发展战略”，旨在确保所有经济行业的可持续性，并将经济发展、气候变化和减少污染协议相结合。

温室气体减排的政策措施具体如下：

①国家可再生能源行动计划；

② 2011—2020 年第二个国家能源效率行动计划（PNAEE）；

③罗马尼亚的多式联运战略——2020；

④国家农村发展计划（2007—2013）（2012 年更新）。

4. 废弃物法规

其中的关键法规是“第 211/2011 号废弃物法（修订版）”，这条法规针对“欧盟废弃物框架指令 2008/98/EC”进行了直接修订。废弃物法规针对各行业的主要废弃物生产者，即工业、公共部门、回收商和废弃物处理公司等。

5. 工业废气排放法规

法规 278/2013 是规定工业废气排放的主要法律，是针对所有工业行业的。主要目的是防止各类工业活动造成的污染，并出台防治或减轻空气和水中废物与废气的要求，重点关注重大污染者，即特定的行业和大量的生产。要求工业企业应用最佳可行技术来预防和减少浪费与排放，并严格监测其在水和空气中的废弃物排放以及产生的废弃物排放量，并确保排放量符合阈值。

6. 水法规

罗马尼亚与水有关的主要法规包括 1995 年《环境保护法》、1996 年《水法》和 1999 年《灌溉用水协会条例》。1996 年《水法》是罗马尼亚水资源开发与管理的基本法。全法由七章和两个附录组成。该法确定了罗马尼亚水资源开发与管理的总体目标为：水资源的节约，防止水污染和改变水资源、河床或流域的特性，恢复地表水和地下水水质，水生态系统的保护，保证饮用水的供应，体现水资源的经济价值，防洪，保证农业、工业、发电、航运、养殖、旅游以及任何人类活动对水的需求。

该法第二章对用水和防止水污染进行了规定：罗马尼亚实行用水许可制度，取用地表水和地下水以及排污都需要获得许可证，规定生活用水具有最高的优先等级。第三章涉及水资源和水工程的管理，规定：水管理应根据“水管理框架”进行；在每一个流域都要建立流域委员会；水工程必须根据一个水管理许可才能建设；对公共参与决策也进行了规定。该法还规定要建立一个用水付费、奖励和处罚的经济激励机制，以促进水资源的合理利用；所有的用水者都需要支付取水费，取水费由罗马尼亚国家水公司收取。在管理体制方面，规定了《水法》实施的两个主要部门是水与环境部（负责国家水战略和政策，协调和监督国家水法与国际水法的实施）和罗马尼亚国家水公司及其下属的流域机构。

罗马尼亚 1995 年《环境保护法》包括六个部分和两个附录。第三部分第一节规定了通过制定有关水和水生态系统保护的技术标准、颁发许可证、排放标准、水质标准、限制排放这些措施来实施水和水生态系统的保护。

1999 年《灌溉用水协会条例》为建立灌溉用水协会奠定了法律基础，并且确定了这种非营利性机构与其成员的权利和责任。条例共八章四十一条，涉及用水协会的建立和运行，协会与其成员之间的法律关系等方面。

7. 水管理新政策

2001 年，罗马尼亚政府制定了新的国家水管理政策，将重点放在水管理的社会方面，如供水和防洪；生态方面，如水质保护。

新水政策的总体目标：为了目前和下一代的利益，合理利用水资源。水政策的重点：减少各种经济活动的用水增长率；保证饮用水供应与公共卫生；合理利用和节约用水；保护水资源免受因为污染而导致的缺水；现有设施的有效运行与利用；有效预防任何灾难，如洪水和突发的污染事故；改善立法与管理；公众参与水资源管理。

实施新水政策中考虑的基本原则包括：实施水资源的流域管理；水质水量管理相结合；水管理必须以人类共同的利益为基础，从而获得最大的社会效益；“污染者付费”原则；水虽然不像其他东西一样是一种商品，但也必须像对待商品一样对待它。

8. 环境许可证

罗马尼亚法律规定，企业开展对环境有影响的活动之前，必须获得环境许可。如改变或终止对环境影响的活动，或公司进行出售资产、合并、分立、特许、解散、清算等交易时，必须进行环境评估，对受影响区域环境复原的义务和成本做出规定，并由地方环境保护署颁发环境许可证。

目前，罗马尼亚有四种类型的环境许可证，第一种为环境许可证（environmental permit），由环境保护部门签发，用于确认被许可项目符合有关环保要求，法律依据为《环境保护法》第二条。适用于拟开发实施的项目（包括地区发展规划），以及改变或延长进行中的活动。获得环境许可证的程序取决于对环境的影响程度。如项目可能对环境造成较大影响，必须由环境和气候变化部认可的第三方认证机构出具环境影响评估报告。同时还可颁发环境授权书，主要对公司的排放标准进行规定。环境许可证在项目实施期内有效，环境授权书的有效期为 10 年。第二种为环境同意书，由环保部门签发，用于确定项目实施过程中需遵循的环境保护条件或需实施的环境保护措施。第三种为环境授权书（environmental authorization），由环境保护部门签发，用于确定对环境可能造成重大影响的已存在项目或新项目的运营条件或参数，该授权书具有强制性，在项目投入运营时必须取得。需获取授权书的项目清单在 2007 第 1798 号部令附件中列明。环境授权书的有效期为 5 年。第四种为环境综合授权书，由地方环保部门在事先征得环境保护署同意后签发，用于授予在特定条件下全部或部分使用某一设施的权利，必须保证设备符合污染整体预防和控制有关规定，该授权书可以为在同一地方存放，由同一所有人持有的一个、多个设备或其中的部分授予，具体程序由 2003 年第 818 号部令规定，主要用于规范工业排放行为。该授权书的有效期为 10 年。

9. 负责任的化学品法规

该法规禁止生产或使用某些危险化学品，并对其他危险化学品（如持久性有机污染物、多氯联苯、石棉、ROHS、挥发性有机化合物等）进行严格控制。罗马尼亚立法禁止的化学品见图 16-1，涉及危险化学品的法律主题见图 16-2

图 16-1　罗马尼亚立法禁止的化学品

图 16-2　涉及危险化学品的法律主题

10. 环境保护标准

在罗马尼亚经济行为活动中的环境保护标准见表 16-1。

表 16-1 罗马尼亚经济行为活动中的环境保护标准一览表

空气质量	水质	土壤质量
废弃物	锅炉	一般电厂
一般能源效率和节约	生物能源和替代能源	燃烧堆
风能	太阳能	汽车
热力泵	隔热和热回收	冷却技术
包装标准	家用设备标准	建筑标准

企业可自愿采取的环保标准包括：

①ISO 140001 环境管理标准；

② ISO 14064 第 1 部分涉及温室气体排放量和清除量的量化与报告；

③ISO 50001 能效标准—国际能源管理体系（EnMS）标准；

④某些产品的欧洲生态标签和旅游业中的生态标签（ecolabels）。

二、工业园区基本概况

（一）工业园区数量及分布

在工业领域，罗马尼亚以机械制造、化工、电子和纺织工业为主。罗马尼亚工业园区（包括技术园区和产业孵化园区）建设起步较晚，2000 年之后才开始设立，很多园区是在 1990 年之前废旧工厂的基础上建立起来的。2001 年，罗马尼亚政府通过了《关于工业园区建设和运营的第 65 号政府法令》，并经由 2002 年第 490 号法律批准，首次同意投资者使用“工业园区”的称谓，并制定了一系列鼓励措施，旨在吸引本国和外国直接投资入驻，推动工业、服务业、科学研究和技术革新等各领域以及大型、中型、小型企业共同发展，创造新的工作岗位，促进经济的总体增长和各地区均衡发展。

2007 年 1 月 1 日加入欧盟前，罗马尼亚出台了多项欧盟禁用的补贴政策并利用入盟前资金建设了多个工业园区。入盟后很多政策失效，但直到2013年罗马尼亚并未就此制定新的规范性法律文件。2013年，罗马尼亚议会通过了《关于工业园区设立和运营的第186号法律》，取代了之前的法规。

截至2017年，罗马尼亚全国经地区发展和公共行政部批准的工业园区共有72个，分布在27个省和布加勒斯特市，其中普拉霍瓦省最多，达14个，其次为布拉索夫省（10个）和克鲁日省（9个）。伊尔福夫、图尔恰、哈尔吉塔、梅赫丁齐等14个省尚未有经认定的工业园区。大部分工业园区位于南部地区（21个工业园区，其中Prahova县有14个）和西北部地区（15个工业园区，其中Cluj县有9个）。中心地区有17个工业园区（其中Brasov县有11个），西南地区有6个工业园区，东北地区有5个，西部地区有6个。同时，东南地区有2个，布加勒斯特（Bucharest）有2个。区域发展和公共管理部门制定了授予工业园区称号的新程序和授权程序所需的文件，并作了详细的说明。

这些工业园区既有私营的也有公有的，大部分拥有适合航空航天、信息技术和工业等行业的生产能力。所有的工业园区都可以为公司提供公用设施和一些公司需要的特定福利。此外，投资者免除土地相关费用、建筑税、城市规划和企业位置变更税。从“工业园区”的称号中可以得到的优惠包括：免收企业位置变更，或从农村中移出转而使用工业园土地的费用；免收与工业园区土地相关的费用；免征工业园区建筑税；免除地方税（须当地公共机构批准）以及当地公共机构可以依法给予的任何其他优惠。

从2008年起，Oradea的工业园区每公顷收到100万欧元的投资。外国投资者选择投资Oradea的主要原因是大学机械工程的传统和其充满活力的系统的良好联系。通过建设一个符合罗马尼亚环境立法的、欧盟资助的新污水处理厂来解决环境问题。

（二）工业园区定义及设立原则

罗马尼亚法律对工业园区的定义是：由持有“工业园区”称谓的企业管理，区内企业从事科学研究、工业生产和服务、科研成果或技术研发使用等经济活动，实施特殊优惠措施，以发挥地区人力和物质潜力的特定区域。设立原则包括：所有入园企业公平待遇原则；园区管理方不对入园企业实施滥权行为原则；所有入园企业必须遵守内部规范原则以及鼓励旨在利用地方或地区人力资源潜力、创造新的工作岗位原则。

负责工业园区管理的罗马尼亚政府部门为地区发展和公共行政部，具体为其下属的公共管理局。地方政府、罗马尼亚或外国的自然人或法人有权作为创始人单独或联合提出建立园区的倡议，但需先组建或成立以管理工业园区为目的的公司并按程序向地区发展部报批。该部主管部门需在申请企业提交材料 30 天内对材料进行仔细分析和评估，并撰写评估报告。若满足所需条件，则提请地区发展和公共行政部部长以部令形式批准；若不满足条件或材料不全，则需清楚列明理由，并提请该部部长不予批准。上述批准或不予批准的决定需于作出后 48 小时内通过收到确认的书面或电子形式告知申请企业。如未批准，有关企业可以在 30 天内补齐相关材料并重新递交，该部主管部门需在 15 天内重新撰写评估报告。获得批准后，申请企业相应成为园区管理方。申请“工业园区”称谓需满足以下基础条件：

（1）园区管理方需作为罗马尼亚或外国法人在罗马尼亚商业注册部门依法注册。

（2）园区管理方不能处于无清偿能力或相关预防性措施状态。

（3）园区管理方不得有任何向国家预算缴纳的逾期未付的债务或欠款。

（4）园区所在的土地具有可行性，具体需同时满足下列条件。

①土地为创始人、园区管理方或入园企业所有、特许经营或管理 / 使用；

②可通往欧洲公路、国家公路、县级公路或城市环城路；

③土地区块完整，被运输路网分隔的除外，面积至少达到 5 hm^2；

④未有受到法定义务、私有产权分割、抵押、保障性措施或进入强制执行程序影响等情况，但法律规定的通行要求以及园区管理方为偿还银行贷款的借款担保，为维护、发展或对园区基础设施实施技术改造需要融资担保，向欧盟成员国贷款机构进行的抵押除外。

根据法律规定，授予工业园区称号还需园区管理方满足一系列的形式条件，包括：申请书必须由申请者亲笔签名；申请保留工业园区称号的时间至少为 10 年，可到期顺延；提交可行性声明并附上园区管理方的注册证明、税务证明、环境许可、土地规划许可、城市规划证书以及拥有网站等。此外，申请书还需附上土地所有权或特许经营文件、已建成基础设施的所有权或特许经营文件、公司成立章程、土地及基础设施图纸、可行性研究报告以及地方政府拟提供的税收减免承诺书等材料。

（三）工业园区优惠政策

2014 年 10 月 29 日《关于成立鼓励和便于新工业园区建设部际委员会的第 959 号政府决定》规定，部际委员会成员单位包括经济、贸易部，地区发展和公共行政部，公共财政部，欧盟资金部以及国家教育部，领导单位为地区发展和公共行政部，秘书处设在经济、贸易部，成员级别为国务秘书（副部长），旨在协调为新设立的工业园区提供相关刺激和鼓励措施，通过借鉴和推广包括本国和欧盟其他国家的成功做法和经验，将工业园区建设作为向企业提供的基础性设施，以此吸引更多的投资和创造新的工作岗位。具体措施包括：

①对园区内土地改变用途或农用地改为非农用地免征税收；

②对园区内土地免征税法规定的土地税；

③对作为园区基础设施组成部分的建筑物免征建筑物税；

④经地方公共部门批准，可以免除应对地方政府预算缴纳的税收，如发放城市规划证书、作为园区基础设施组成部分土地和建筑物的建设或拆除许可等；

⑤法律规定地方政府可以给予的其他便利。

2013 年 9 月 24 日，地区发展和公共行政部《关于批准向在工业园区内投资提供支持措施条件的第 2980 号部令》规定，罗马尼亚地方政府可以向在工业园区的投资企业提供折合 10 万～ 20 万欧元的微量援助，年资助金额为 800 万列伊（约 171.2 万欧元），预计惠及 125 家企业；同时可以向实施原始投资的企业提供地区性国家援助，年资助金额为 1 500 万列伊（约 321 万欧元），预计惠及 15 家企业。该令自 2014 年 6 月 30 日起生效，有效期 3 年并可延长，具体将根据欧盟有关微量援助和地区性国家援助的政策适时调整。农业和乡村发展部、国家地籍和不动产署以及地方政府可以依据 2013 年第 186 号法律规定的税费优惠形式，向符合条件的入园企业提供为期 3 个财政年度的微量援助，其中交通运输类企业最高额度为折合 10 万欧元的列伊，其余类型企业为折合 20 万欧元的列伊，但渔业和水产养殖业、农产品初级种植业、农产品代加工和销售以及煤炭企业除外。

为吸引企业入驻现有园区，很多地方政府还在园区土地租赁价格和租赁期限方面提供优惠，如克拉约瓦工业园区的土地购买价格为 5 欧元 /km^2，租赁价格为 0.1 欧元 /（$km^2 \cdot a$），期限为 49 年。总体来看，罗马尼亚现有工业园区的土地租赁价格为每月 0.01 ～ 1 欧元，办公楼租赁价格为每月 0.2 ～ 17 欧元，厂房的租赁价格为每月 0.2 ～ 12 欧元。

三、工业园区合作建议

在罗马尼亚，虽然有些园区被称为“生态工业园区”，但距离传统意义上的标准生态工业园区（通过各成员合作来加强环境效益、经济效益和社会效益，从而实现环境和资源问题的管理）尚存在较大差距。工业园区在许多地区遇到的普遍问题均与国内用水供应、水处理管道和水处理设施的缺失有关；除电力和燃气外，没有共同的废弃物处理设施或公共设施。另外，园区的管理和现有设施并不鼓励公共设施（如压缩空气或热量）的使用，也不能促进公司之间产品和其他资源的交换。

罗马尼亚目前的工业园发展缺乏长期的战略规划，很多地方迫于经济发展的压力盲目设立，很多申请只因可研报告编制较好即授予工业园称号，之后则证明投资是不成功的；缺乏监督工业园运行的监控机构；有些地方同时设立若干个工业园区，形成区内的恶性竞争，在工业园区设立后招商引资力度不够，入园率相对较低，造成资源的闲置和浪费；地方提供的各项优惠措施有时超出法律规定的范畴等。针对上述问题，罗马尼亚政府采取了一系列措施，并且专门成立了工业园监控署负责对工业园的管理。随着法律的逐步完善和经验的增加，工业园将在罗马尼亚吸引外资和经济发展中发挥更大的作用。笔者认为中罗两国可以围绕以下几个方面开展合作：

①在“一带一路”倡议背景下，两国地方政府、研究机构密切合作，在分享中国现有生态城市经验的基础上，在一个小规模的罗马尼亚城市内实现“生态城市试点项目”。

②建立罗马尼亚和中国两国政府在环境保护和生态工业领域的合作路线图。把国家级合作发展到地方和地区的层级，推广到建设“一带一路”沿线各省市和地区间的跨城市、跨地区的合作平台。

③建立罗马尼亚与中国的城市之间的共同对话机制，在两国交替举行年度双边论坛。

④罗马尼亚的资源回收行业的发展有待提高。虽然罗马尼亚的工业废弃物回收公司的数量较多，但整个行业在国内缺乏良好的回收技术研究及创新。罗马尼亚最发达的工业废弃物回收公司是马来西亚投资的“绿色集团”（Green Group），由塑料、废弃物、玻璃和电子废弃物几个分支部分组成，拥有高容量的回收设施，全部位于布泽乌（Buzau）地区（在罗马尼亚东南部），但这个地区工业产业分布较少，难以形成生态产业链。可以借鉴中国在节能环保、废弃物再利用和再循环领域的新型技术，以直接投资、公私合作或 PPP 模式，在风电场、光伏电站或其他光伏应用方式、污泥处理厂、生态工业、循环经济等领域研发新技术。

⑤推动金融机构和行业绿色化，与罗马尼亚的金融机构分享有关绿色项目融资的知识。在罗马尼亚的工业园区开展专业知识培训，以便园区管理者和技术人员了解生态工业园区理念，以促进园区实现产业共生。

⑥在两国相关负责部门的支持下，在中国和罗马尼亚有关实体之间建立碳交易计划，开展低碳发展合作。

参考文献

[1] 崔兆杰，谢锋 . 生态工业园理论与实践教程 . 北京：中国环境科学出版社，2012.

[2] 廖敏，于良杰 . 国外生态工业园区建设的模式比较研究 [J]. 宿州教育学院学报，2016，19(01):169-170+172.DOI:10.13985/j.cnki.34-1227/c.2016.01.081.

[3] 王月波，房进 . 国外生态工业园区的发展经验及借鉴 [J]. 河北企业，2017(08):187-188.

[4] 孔慧芳 . 国外生态工业园区发展模式的经验与借鉴 [J]. 经济研究导刊，2013(04):202-203.

[5] 赵玲玲，罗涛，刘伟娜 . 中外生态工业园区管理模式比较研究 [J]. 当代经济 (下半月)，2007(09):88-89.

[6] 青岛国际经济合作区管理委员会 . 中德生态园投资环境 [EB/OL].（2022-04-06）[2022-06-22]. http://www.sgep.cn/invest/4/4.htm.

[7] 镇江新区管理委员会，镇江经济技术开发区管理委员会 . 中瑞镇江生态产业园 [EB/OL].（2022-02-25）[2022-06-22].http://www.zjna.gov.cn/zjna/zdyqzy/202005/8a0733e6a1c946669cfe9f859ceabaa5.shtml.

[8] 找园区网 . 中奥苏通生态园（苏锡通科技产业园）丨从示范项目到全园推广 [EB/OL].（2022-07-06）[2022-07-22]. https://view.inews.qq.com/k/20220706A05A7V00?web_channel=wap&openApp=false.

[9] 四川省商务厅 . 成都经开区扎实推进中法（成都）生态园建设 [EB/OL].（2021-12-21）[2022-06-22]. http://swt.sc.gov.cn/sccom/swdt/2021/12/21/fafcb9e61e2e48c7a91a5e420a9290b4.shtml.

[10] 乌鲁木齐市人民政府 . 经开区（头屯河区）"环评一票否决制"获得联合国工发组织肯定 [EB/OL].（2016-06-07）[2020-03-24]. http://www.urumqi.gov.cn/znsx/jdxw/xgdt/274816.htm.

[11] 生态徐圩简报：徐圩新区国家生态工业示范园区创建特色与典型案例系列简介——创建特色篇（三）[EB/OL].(2017-10-1)[2020-03-24].http://xuwei.jsxhjj.com/index.php/Home-Index-greenIndustryShow-newsId-182-type-report.

[12] 烟台经济技术开发区获授“联合国工业发展组织绿色丝绸之路项目示范工业园区”称号 [EB/OL].（2016-05-24）[2020-03-24].https://www.sohu.com/a/76906164_263709.

[13] 高建生，吕晓艺．泉州开发区：构建绿色集约新生态 [EB/OL].(2018-03-13)[2020-03-24]. http://epaper.zqcn.com.cn/content/2018-03/13/content_41670.htm.

[14] 武俊英．越南工业园区、外商直接投资与经济增长 [D]. 广西民族大学，2018.

[15] 林平安．越南治理外商投资企业环境污染的对策研究 [D]. 青岛大学，2016.

[16] 董鑫，张杨心怡．中马环境合作，深化的方向是什么？[J]. 中国生态文明，2018(04):80-81.

[17] 李盼文，张永涛．东盟环保产业合作潜力如此巨大 优先选择哪些国家和领域？[J]. 中国生态文明，2017(03):68-73.

[18] 中国 - 东盟环境保护合作中心．中国 - 东盟可持续发展的国家战略和区域合作新挑战和新机遇．北京：中国环境出版社，2015.

[19] 张洁清，彭宾，李盼文．东盟国家环境管理制度及案例分析．北京：中国环境出版社，2017.

[20] 夏陶昭．印尼的环境保护管理及其主要行动计划 [J]. 全球科技经济瞭望，1997(12):46-49.

[21] 赵紫涵．浅析印度尼西亚《环境管理法》及其借鉴意义 [J]. 沈阳工程学院学报（社会科学版），2013，9(01):56-58+62.DOI:10.13888/j.cnki.jsie(ss).2013.01.025.

[22] [乌干达] 大卫·奥邦，靳松．乌干达 可持续发展科技创新政策 [J]. 科技与

金融 , 2018(11):21-22.

[23] 周磊 . 中企投资埃乌两国 , 农业及境外经贸合作区成重点——赴埃塞俄比亚及乌干达经贸调研有感 [J]. 中国对外贸易 , 2018(09):50-51.

[24] [乌干达] 罗纳德·卡托 , 王晓波 . 乌干达 : 能源过剩下的短缺 [J]. 中国投资 , 2018(04):32-37.

[25] 罗晔 . 乌干达钢铁工业的发展现状 [J]. 冶金经济与管理 ,2019(01):15-19.

[26] [乌干达] 罗纳德·卡托 , 王晓波 . 乌干达 工业化艰难前行 [J]. 中国投资 , 2018(10):52-57.

[27] 赵欢 , 柯昀含 . 乌干达的绿色经济发展之路 [J]. 世界环境 , 2016(05):68-69.

[28] 李元红 , 李晶 , 邓建伟 , 等 . 乌干达水资源开发利用现状及管理对策 [J]. 中国水利 , 2015(13):61-64.

[29] 于浩淼 . 中国—乌干达南南合作项目的成效、问题与对策 [J]. 世界农业 , 2015(10):177-180.DOI:10.13856/j.cn11-1097/s.2015.10.039.

[30] [斯洛伐克] 理查德·图尔克萨尼 , 郦雪 .“16+1 合作”平台下的中国和中东欧国家合作及其在“一带一路”倡议中的作用 [J]. 欧洲研究 , 2015, 33(06):3-6.

[31] 龙静 .“一带一路”倡议在中东欧地区的机遇和挑战 [J]. 国际观察 , 2016(03):118-130.

[32] 徐方军 , 刘正洪 . 罗马尼亚水资源开发与管理——各国水概况系列之四 [J]. 水利发展研究 , 2006(12):49-53.DOI:10.13928/j.cnki.wrdr.2006.12.015.

[33] 高国庆 , 王南楠 . 罗马尼亚风电项目投资机会浅析 [J]. 风能 , 2012(05):54-59.

[34] 钱孟轩 , 倪善芹 , 于汶加 , 等 . 中国 - 罗马尼亚产能合作前景分析 [J]. 中国矿业 , 2017, 26(03):66-71.

[35] 中国 - 东盟环境保护合作中心 , 中国 - 上海合作组织环境保护合作中心 , 澜沧江 - 湄公河环境合作中心 . “一带一路“生态环境蓝皮书 2018：沿线重点国家环境战略与规划 . 北京：中国环境出版集团 , 2018.